晨曦 2000 6 6 大方書局

這本書基本上只是八宅明鏡的解釋版。

SUNNY BOOKS

吉宅新案

用最新科學的系統整理・以簡單易懂的圖表做說明

葉錦鑑／著

內政部著作權執照

執照字號台內著字第 89563 號

著作名稱	著作人	著作權人	發行所及發行人或出版人	著作權期間	備註
吉宅新業	姓名：葉錦鑑	葉錦鑑		依著作權法第十五（八）條第一項規定暨申請人陳報推定著作權人自民國七十九年八月廿四日起至　年　月　日止終身享有著作權。	
	出生年月日：民國十七年十月一日	民國十七年十月一日			
	籍貫：臺灣省新竹縣	臺灣省新竹縣			

著作類別	單位及數量	著作完成日期	最初發行日期	轉讓日期	繼承日期
文字著述	一冊	79.年8.月24.日	年　月　日	年　月　日	年　月　日

部長 許水德

中華民國七十九年九月　日

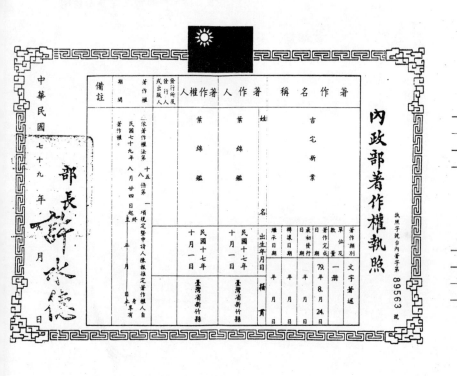

序

陽宅爲我們生活文化中保護自己的最佳方法之一。一生之成敗與個人生辰（八字）有關，與所居住房屋之方位之好壞亦息息相關。

有好八字（好命）之人住在適合其方位之房屋可增加其好運，反之則其本來的好八字必然大打折扣，同樣道理一個命不好之人，住在適合其方位的吉宅，一生中定必減少許多不稱心之事。如果命不好又住在不利其方位之房屋，必須終生不順，甚至惡運連連。

定房屋之吉凶，數千年來有不少賢哲作深入之統計分析研究，著有名書。要了解其中奧秘必得花十數年工夫，但未必就能精通。

現代人生活緊張忙碌，分工精細，智識領域又無限擴大，無法樣樣精通，尤其陽宅學係一個精深之學問，爲了求得更美好的前途，又不得不謀求更良好的居住環境，選最吉利的住宅。

本書鑑於此，經筆者研讀有關陽宅之古書籍十餘年研究所得，以最新科學化作有系統之整理後，以最簡明易懂之方法分門別類圖表化通略化，但不失原意，使一般讀者一目了然無師自通，人人都能判斷自宅之吉凶，對將要購宅者作最好之指針。

古書東西南北方位圖與現代地理位置正好相反，如南北方向，古書爲南在上，北在下；而現代則南在下而北在上，恰好與地球位置方向一致。古書方位看起來難以適應，常予人有錯亂之感覺，要認定方位必須費一番思考。本書將此缺點完全予以克服，所有圖表，包括八卦方位，均以北在上、南在下、東在右、西在左使與現代地理地圖方位一致不至混淆。係中國數千年來一個革命性創舉，亦係最現代化之一大著作。

筆者非賢哲不敢自作推測，故不做自我心證之評論，而本書係依據陽宅三要、八宅明鏡、金光斗臨經（陽宅大全圖說）等書爲藍本，摘取其精華，濃縮而成。現代房屋之結構與造作與古代不同，爲此以現代房屋爲主體，評述仍以古書之陽宅理論爲基礎，故不失原意。古書理論係以陰陽相引相背及五行相生相剋之原理爲論陽宅之吉凶之依據，係千古不變之定律，因此自無古今之分，本書係古書今釋，讀者可安心使用。

編著人　葉錦鑑

民國七十九年八月三十日

目錄

40 ▓第六章　選定自己最好之房屋

第一章　總論

一、古代房屋風水之看法

我國古代的房屋風水看法，可分爲下列幾個層次。

第一個層次是以房屋周圍之山、溪及路等來定它的性質而冠以八卦之名稱，再與房屋之主人的性質與所住房屋之性質，依五行相生相剋及陰陽配合之理定吉凶。

第二個層次是以方位論吉凶，依八卦名稱分爲八個方位、八個向。比較詳細者分爲二十四個坐向，即所謂的二十四山，有二十四個方位與二十四個向。

第三個層次是以房屋之戶長爲主，戶長屬於什麼命卦（即磁向），就冠以卦名，每人有四個吉利的方位，另四個方位是不利的。

第四個層次是以房屋之形態論吉凶，即以房屋之凹凸、方圓、深寬等配以八卦方位的滿與缺定其吉利與否。

另一個層次是以地形（即房屋基地）論吉凶。古代風水學有許多說法。無論其作用如何，取吉利之地形，有利無弊總是好的。

二、現代陽宅學

陽宅學爲專門研究人類與其所居住、所使用之房宅關係之學問。其理論基礎建立於生物物理學及數學上。以生物物理學言，人類有身體的存在，而人體血液中含有無數鐵分，在全身川流不息的循環運動中，亦會受到地球磁性感應，而對人體有所影響。

房子的存在，固定了人類活動之範圍，人體之磁性感受此空間磁波的影響，而房屋因其方位之不同磁場各異，影響力自有差異。此種影響力的強弱，則因居住時間之長短而有所不同，一般說來居住日數增加時其影響力則依序遞增。

因此所居住的房子，必定因其所在之方位正確與否，而對居住者有利或不利的影響。

由以上數點可知房屋方位之合適與否，可決定一個人的得失成敗。一般而言一個人在好運下，所住房屋方位正確時，往往能發揮所長而飛黃騰達，反之則成爲無所作爲了。

一個人如在壞運下，其所居房屋方位正確時，自可減少壞運的程度，而居住房屋方位爲錯誤時，則其壞運可大爲增加，易失敗、生病，不如意的事往往接踵而來，更有甚者，臥病不起或傷亡等。

歸納以上討論，我們可以了解，單以房屋的好壞來決定一個人的成敗，必須參考其本質及運勢，而人的運勢並非一直不變，而是起伏不定的，況且房屋的好壞影響利與不利亦不是固定的，而是有週期性的。因此居住房屋的好壞，不可能馬上得到利與不利的象徵，是以住了一段時間後才能發生。

故居住方位正確的房屋，不可能「寅住卯發」而須住一段時間後才有所作用，這是讀者必須了解的先決條件。

第二章　命卦

人因出生年份的不同，其所受之磁波感應亦不同，而同年出生之男女（陰陽）亦有別。要知道自己最適合居住之吉宅，首先要查出自己的命卦（亦稱磁向）。

查命卦之方法有下列五種方法，可依自己方便選擇最易查出或最易記憶之方法。

查命卦要了解命卦之代名詞與其順序。

一、命卦之代名詞與順序

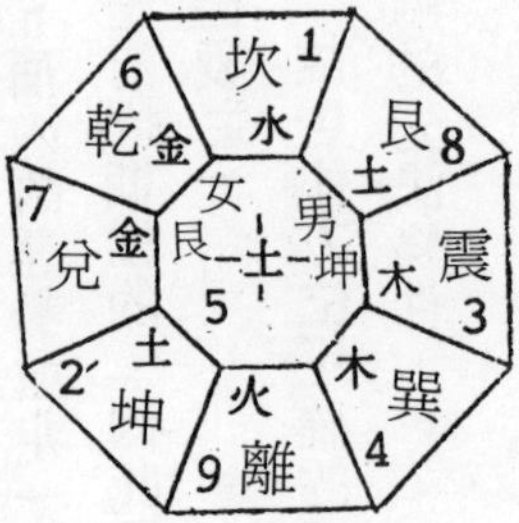

命卦以八卦之名稱之，共有九個命卦，如圖所示，依序爲1坎，2坤，3震，4巽，5中（男寄坤，女寄艮卦），6乾，7兌，8艮，9離。

二、查命卦之方法

1.由下頁表可直接查出男女所屬之命卦，不論國曆、六十甲子或西曆紀元均可一一查出，是最直接最簡單之方法，無須記憶，不費工夫。

2.出生年之位數相加

男：8減（位數之和）　不夠減時加9，等於0時以9計算（以下同）。

如民國27年出生爲　8＋9－（2＋7）＝8　即爲艮卦。

女：（出生年相加）減2

如民國27年出生爲　（2＋7）－2＝7　即爲兌卦。

3.民國出生年份除9之餘數

男：8減（年數除9）之餘數

如民國30年出生爲　8－（30÷9）之餘數3＝5　即男寄坤卦。

女：（年數除9）之餘數減2

如民國30年出生爲　（30÷9）之餘數3－2＝1　即爲坎卦。

4.西曆紀元除9之餘數

男：11減（年數除9）之餘數

命卦		百年東西四命速查表														
男	女	出生年份														
		國曆	民前15	民前6	民國4	民國13	民國22	民國31	民國40	民國49	民國58	民國67	民國76	民國85	民國94	民國103
巽	坤	甲子	丁酉	丙午	乙卯	甲子	癸酉	壬午	辛卯	庚子	己酉	戊午	丁卯	丙子	乙酉	甲午
		西元	1897	1906	1915	1924	1933	1942	1951	1960	1969	1978	1987	1996	2005	2014
		國曆	14	5	5	14	23	32	41	50	59	68	77	86	95	104
震	震	甲子	戊戌	丁未	丙辰	乙丑	甲戌	癸未	壬辰	辛丑	庚戌	己未	戊辰	丁丑	丙戌	乙未
		西元	1898	1907	1916	1925	1934	1943	1952	1961	1970	1979	1988	1997	2006	2015
		國曆	13	4	6	15	24	33	42	51	60	69	78	87	96	105
坤	巽	甲子	己亥	戊申	丁巳	丙寅	乙亥	甲申	癸巳	壬寅	辛亥	庚申	己巳	戊寅	丁亥	丙申
		西元	1899	1908	1917	1926	1935	1944	1953	1962	1971	1980	1989	1998	2007	2016
		國曆	12	3	7	16	25	34	43	52	61	70	79	88	97	106
坎	中(艮)	甲子	庚子	己酉	戊午	丁卯	丙子	乙酉	甲午	癸卯	壬子	辛酉	庚午	己卯	戊子	丁酉
		西元	1900	1909	1918	1927	1936	1945	1954	1963	1972	1981	1990	1999	2008	2017
		國曆	11	2	8	17	26	35	44	53	62	71	80	89	98	107
離	乾	甲子	辛丑	庚戌	己未	戊辰	丁丑	丙戌	乙未	甲辰	癸丑	壬戌	辛未	庚辰	己丑	戊戌
		西元	1901	1910	1919	1928	1937	1946	1955	1964	1973	1982	1991	2000	2009	2018
		國曆	10	1	9	18	27	36	45	54	63	72	81	90	99	108
艮	兌	甲子	壬寅	辛亥	庚申	己巳	戊寅	丁亥	丙申	乙巳	甲寅	癸亥	壬申	辛巳	庚寅	己亥
		西元	1902	1911	1920	1929	1938	1947	1956	1965	1974	1983	1992	2001	2010	2019
		國曆	9	民國1	10	19	28	37	46	55	64	73	82	91	100	109
兌	艮	甲子	癸卯	壬子	辛酉	庚午	己卯	戊子	丁酉	丙午	乙卯	甲子	癸酉	壬午	辛卯	庚子
		西元	1903	1912	1921	1930	1939	1948	1957	1966	1975	1984	1993	2002	2011	2020
		國曆	8	2	11	20	29	38	47	56	65	74	83	92	101	110
乾	離	甲子	甲辰	癸丑	壬戌	辛未	庚辰	己丑	戊戌	丁未	丙辰	乙丑	甲戌	癸未	壬辰	辛丑
		西元	1904	1913	1922	1931	1940	1949	1958	1967	1976	1985	1994	2003	2012	2021
		國曆	7	3	12	21	30	39	48	57	66	75	84	93	102	111
中(坤)	坎	甲子	乙巳	甲寅	癸亥	壬申	辛巳	庚寅	己亥	戊申	丁巳	丙寅	乙亥	甲申	癸巳	壬寅
		西元	1905	1914	1923	1932	1941	1950	1959	1968	1977	1986	1995	2004	2013	2022

如1979 年出生爲　11 －（1979 ÷ 9）之餘數8＝3　即爲震卦。

女：4加（年數除9）之餘數

如1979 年出生爲　4＋（1979 ÷ 9）之餘數8－9＝3　即爲震卦。

註：（大於9時減9之餘數，等於0時以9計算。）

5.民國之位數分段屈指推算，如下圖，男女方向相反。

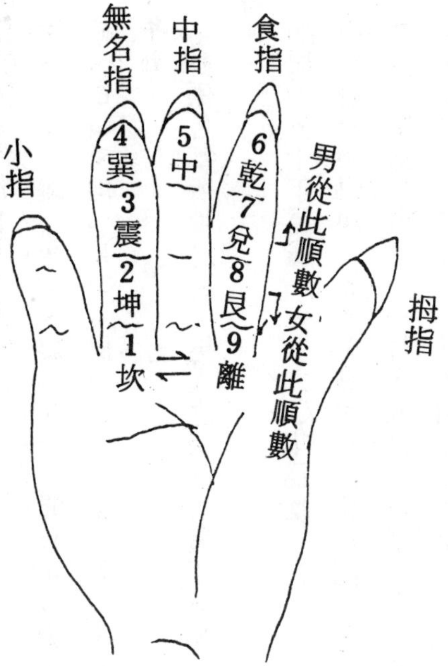

男：反時針方向

如民國35年出生爲：兌起數至3爲5中，從次卦巽起數5爲離，即離卦。

女：順時針方向

如民國35年出生爲艮起數至3爲坎，從坎卦坤數5爲乾，即爲乾卦。

其他類推。算出後，與前頁表對照即知有無錯誤。

三、東西四命

命卦可分爲東四命及西四命，東西四命

人所住的房屋各有不同之喜忌。

坎（1）、離（9）、震（3）、巽（4）屬東四命。

乾（6）、坤（2）、艮（8）、兌（7）、中（5，男寄坤、女寄艮），屬西四命。

四、年卦

年卦係各年所屬之卦，男人之命卦卽與年卦相同，故各年份之年卦，可依男人之命卦之查法求得。

如民國五十年爲震，一九九〇年爲坎。

※年卦交換點決定於冬至點與月亮圓缺朔望之關係。

若冬至點落於陰曆十一月十五日午時至十六日夜子時內任何一點中間時，以冬至點爲交換點。

若冬至點落於陰曆十一月十四日午時至十一月十五日巳時，或十七日早子時至十七日夜子時之中任何一點，則以冬至後五天爲年交換點。

若冬至點落於十一月十三日午時至十一月十四日巳時，或十一月十八日早子時至夜子時，則以冬至後十天爲交換點。

其餘以小寒爲年卦之交換點。

民國1至100年中非小寒爲年卦之交換點統計如下：

民國1年12月27日未時	民國39年12月27日酉時
民國4年12月28日卯時	民國42年12月27日午時
民國10年1月1日午時	民國50年12月27日巳時
民國12年12月23日卯時	民國59年1月1日辰時
民國16年1月1日亥時	民國61年12月27日丑時
民國20年12月28日寅時	民國69年12月22日早子時
民國23年12月22日亥時	民國77年12月31日夜子時
民國31年12月22日戌時	民國80年12月27日酉時
民國35年1月1日未時	民國88年12月22日申時

上表十二時辰可由下表查出。

十二時辰速見表

上午

下午

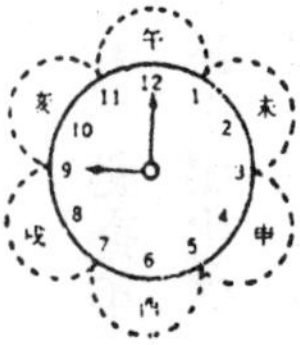

不在年卦交換點前後出生者，不必查年卦交換點，直接查出自己命卦即可。年卦交換點前出生者，命卦爲本年度，年卦交換點後出生者，命卦爲下年度。

如民國八十年十二月二十七日出生之人：

在同日申時（下午三點至五點）以前出生者算八十年生，在同日酉時（下午五點至七點）以後出生者，算八十一年生。

故前後相差一個時辰，所屬就不同。

第三章　各種命卦之喜忌方位與應驗週期

一、命卦之來源

洛書大數

縱橫十五對宮合十圖

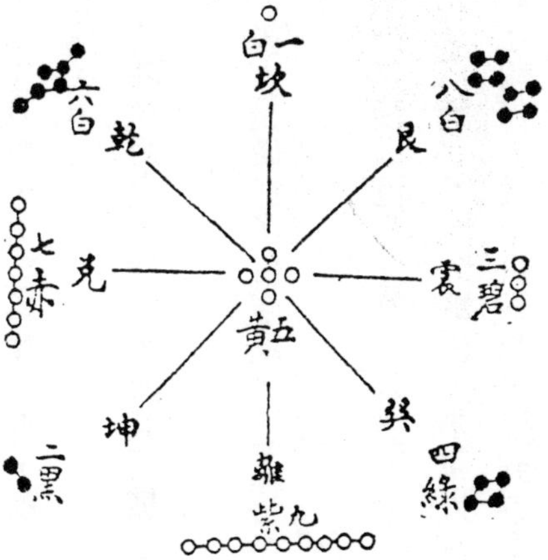

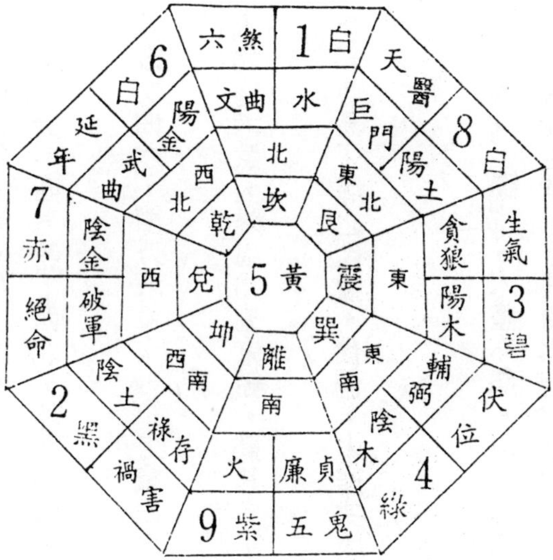

命卦係以八卦方位爲基礎，分爲八個方位，各方位配以各種名稱，如上頁圖所示。

第一層爲文王八卦，方位爲坎—北，離—南，震—東，兌—西，乾—西北，坤—西南，艮—東北，巽—東南。

第二層爲古時所定之各種名稱及其所屬五行。如北方文曲水，南方廉貞火，東方貪狼木，西方破軍金等。

第三層爲後人爲便於了解所給予之通俗名稱。如坎北爲六煞，離南爲五鬼等，聽其名字即可了解其吉凶。

第四層係洛書後天流行之氣爲基礎，配以數字、色彩等易了解之代數、代色。本層次與各年各月之九宮飛星之變化有很大關係，於第九章詳述。

各層之相互關係，於上頁下圖可得到答案。

萬物共此一個天地（太極），物物各有一天地（小太極），陽宅、人體亦然。以上兩圖係每一太極先天不變之氣，與各年月日時之九宮飛星會合時，會產生變化，其變化是吉是凶，依各星與各星之性質之配合而定。

比方說民國八十年，年卦爲離卦，離之代數爲9，即9入中宮，先天不變之氣爲5，5加9（黃紫會合）爲不吉。（參照第九章）

二、八方吉凶（參照圖）

㈠四吉方：生氣爲上吉，天醫、延年爲中吉，伏位爲小吉。

㈡四凶方：絕命、五鬼爲大凶，禍害爲次凶，六煞爲凶。

三、發生吉凶之週期

四吉方與四凶方影響利與不利，是有週期性的，周而復始。故住進房屋利與不利，不是馬上見效，但到某年或某月到來，其作用就可表露出來。應驗週期之年度到方時，其作用較重，月份到方時較輕，日、時又次之。年月同時到方時其作用最大。如表7，生氣吉方應在甲、乙、亥、卯、未年或月時應驗。

例如民國八十年辛未時應驗，而六月爲乙未月，故應在六月最有利，其他類推。

八方吉凶之週期與發生之現象，可由下表查出。

表

八方吉凶應驗週期

四吉方 四凶方	吉凶應驗年、月。年較重，月較輕。 發生吉凶之現象。
生氣吉方	甲、乙、亥、卯、未。年或月應驗。 求財、求子，宜作生氣灶。

7

天醫吉方	戊、己、辰、戌、丑、未。年或月應驗。却病除災，宜作天醫灶。
延年吉凶	庚、辛、巳、酉、丑。年或月應驗。却病增壽，宜作天醫灶。
伏位吉方	亥、卯、未。年或月應驗。求事如意，作伏位灶。
絶命凶方	庚、辛、巳、酉、丑。年或月應驗。影響健康、不孕、破財、意外災禍。
五鬼凶方	丙、丁、寅、午、戌。年或月應驗。陽剋陽、陰剋陰。遭竊、火災、患病、訴訟、口舌。
六煞凶方	壬、癸、申、子、辰。年或月應驗。六親相刑，主破財、消耗、退步、口舌是非。
禍害凶方	戊、己、辰、戌、丑、未。年或月應驗。五行相剋，結仇、糾紛、破財、疾病。

四、東四命喜忌之方位

東四命人有利的方位爲南、北、東與東南四方位、四方向。不利的爲西、西南、西北與東北四個位與向。

房屋坐向可南可北，喜朝東之房屋，參照圖8。如坎卦命人，房屋座向，南、北都可以，惟開門之方位就要考慮了，坐南向北之房屋只宜開北方（伏位）及東方（天醫）門，但座北向南就有較多選擇，如南方（延年）、東南方（生氣）及東方（天醫）之門。（按現代房屋結構，門位均靠近結構體之前端。）

五、西四命人喜忌之方位 兌坤乾艮

西四命人有利的方位爲西、西南、西北及東北。

不利的爲南、北、東與東南四個方位及方向。喜朝西之房屋。參照圖9。如乾卦命人，可住坐東向西房屋，門可開西、西南、西北之門。但坐西向東之房屋則不利，因向五鬼，開東南門爲禍害，開東北門（天醫）雖可，亦利弊參半，因係向五鬼之方。以下類推。

六、四吉方與四凶方之作用形態（參照表8、9）

㈠四吉方

生氣：有積極性的擴散作用。

東四命 震巽坎離
西四命 乾坤兌艮

天醫：有建設性的往來作用。

延年：有組合性的內聚作用。

東四命（8表）

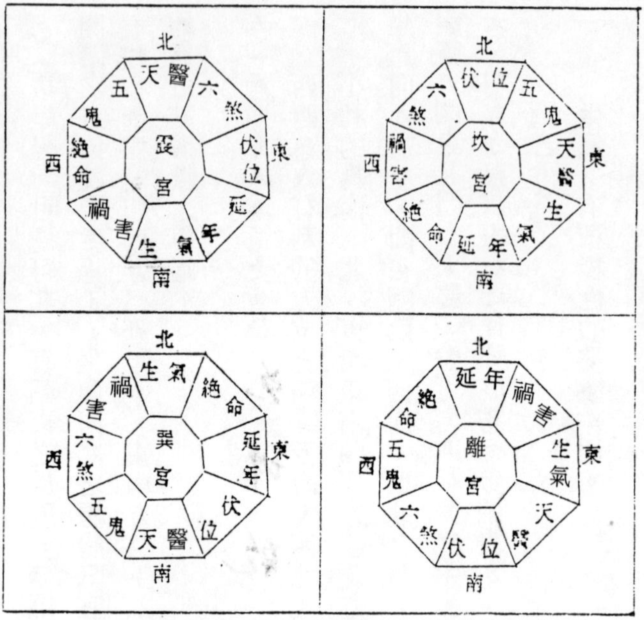

西四命（9表）

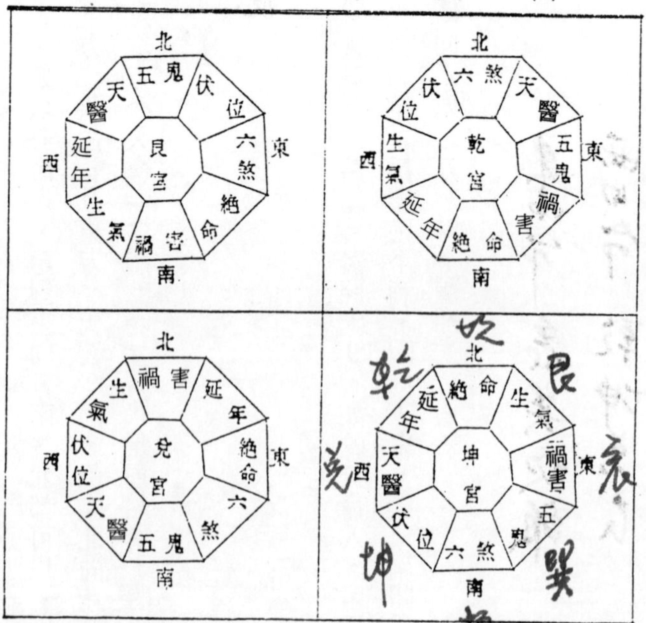

伏位：有緩和性的擴散作用。

㈡四凶方

絕命：有雜亂性的內聚作用。

五鬼：有狂暴性的向上作用。

禍害：有腐蝕性的往來作用。

六煞：有破壞性的向下作用。

第四章　羅經

測量方向或位置的儀，在陽宅學上通常均用中國人四大發明之一的羅盤儀，又稱羅經。

一、羅經之構造

羅經的構造包括：

㈠中央之透明玻璃小圓盒，內含：

(1)帶釵形頭的磁針。

(2)底盤上之紅線，以為南北軸的基準。

(3)紅線上一端之兩旁畫有兩點，如，兩點處卽指著北方。

㈡小圓盒外鑲一木製轉盤，上有各種用途不同之刻度，以供測量定位。

㈢最外一層為一方形盤座，用以固定玻璃小圓盒及木製轉盤。

上繫二透明垂直之交叉線，以為測量時之基準。

㈣簡易羅經平面圖

第一層顯示方位名稱。

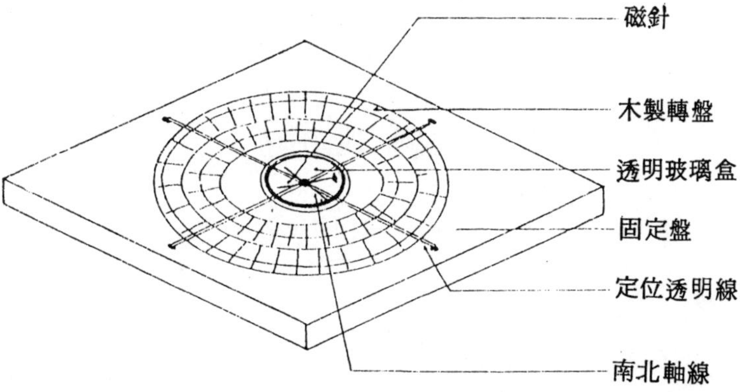

第二層卽是以地球磁力線爲基準者，一般稱爲地盤，用以測量屋內各種器物之方位。

第三層卽是地盤之納音層。

第四層卽是以地球子午線爲基準者，一般稱爲人盤，用以測量屋外形勢。

第五層卽是天盤。

(五)羅經簡易說明

羅經因於應用上的不同，有各種層次。一般少則二、三層，多則數十層。

第一層　顯示東、東南、南、西南、西、西北、北、東北八方，其中

東方包括甲、卯、乙三個字。

東南包括辰、巽、巳三個字。

南方包括丙、午、丁三個字。

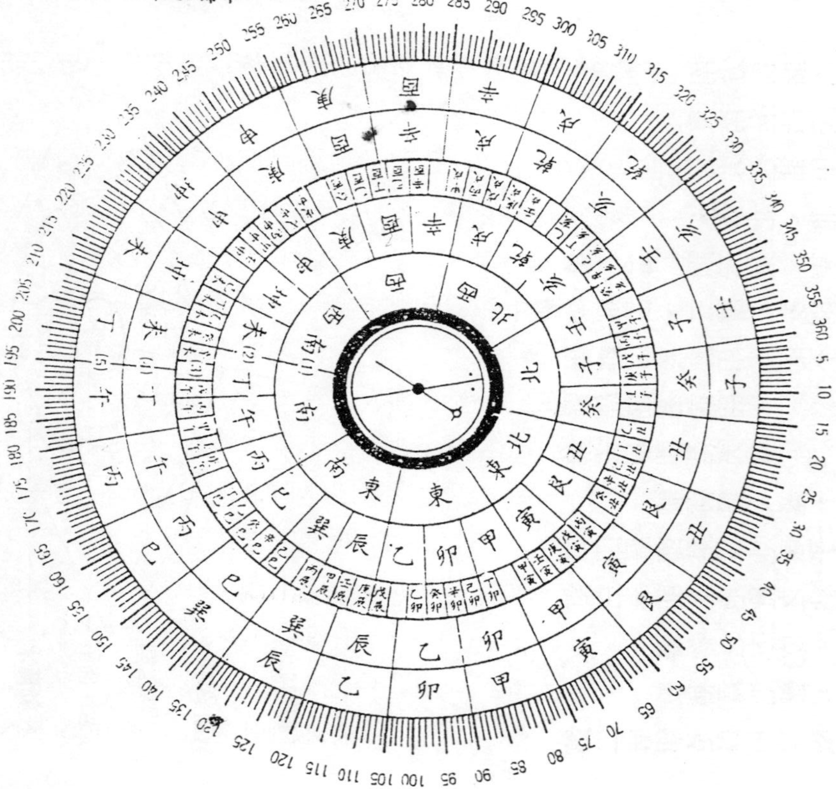

西南包括未、坤、申三個字。
西方包括庚、酉、辛三個字。
西北包括戌、乾、亥三個字。
北方包括壬、子、癸三個字。
東北包括丑、艮、寅三個字。
自甲卯乙至丑艮寅共二十四個字，每字佔十五度卽成了第二層。

第二層 卽以地磁子午線爲基準，來測量房宅內各種器物之方位。一般稱此層爲地盤。

第三層 爲配合第二層使用時，所需考慮的納音問題。於第二層每一個字下均有三格，包括兩種至三種納音或一空格。

例：南方丙字下則有丁巳（納音土）、庚午（納音土）及一空格。

又，西北方戌字下則有丙戌（納音土）、戊戌（納音木）及庚戌（納音金）三種不同之納音。一般除了確定方位外，還需考慮該方位之納音是否與出生年之納音相生或相同。設方向爲壬向時，壬字下包括癸亥（納音水）及甲子（納音金）。

若出生年之納音爲木時，則當對準癸亥方向爲佳。

若出生年之納音爲金時，則當對準甲子方向爲佳。

若出生年之納音爲水時，則甲子方向或癸亥方向均可。

若出生年之納音爲土時，則甲子方向尚可用。

若出生年之納音爲火時，則壬度內無可用者。或可調於空格處。即調於癸亥與甲子之間。

㈥透鏡式指北針

透鏡式指北針，有美、日及本國製品，在各登山用品行均可買到，價錢便宜，用法亦簡便，屋內外均可使用。

＊使用方法：

使用時要遠離磁性物質（如鋼筋水泥壁、鐵器、電器製品等），選固定目標後由瞄準具之照門向目標透視，經過照準窗之瞄準線，使照門、瞄準線、目標重疊成一直線時，經由瞄準具之放大鏡直接讀目標物之度數。（放大鏡須與分劃盤保持一定角度才可經由目視讀出。）

透鏡式指北針

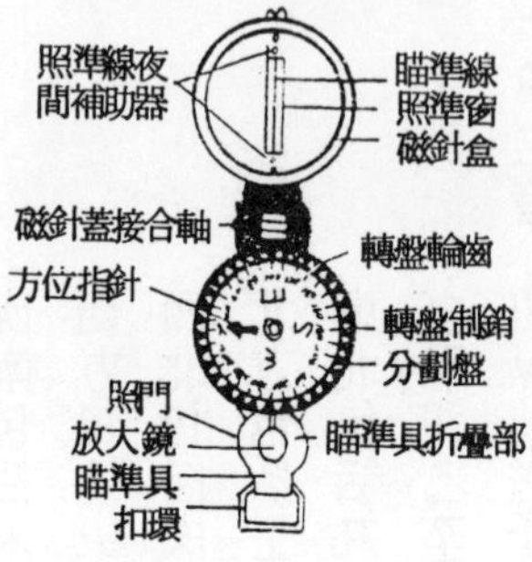

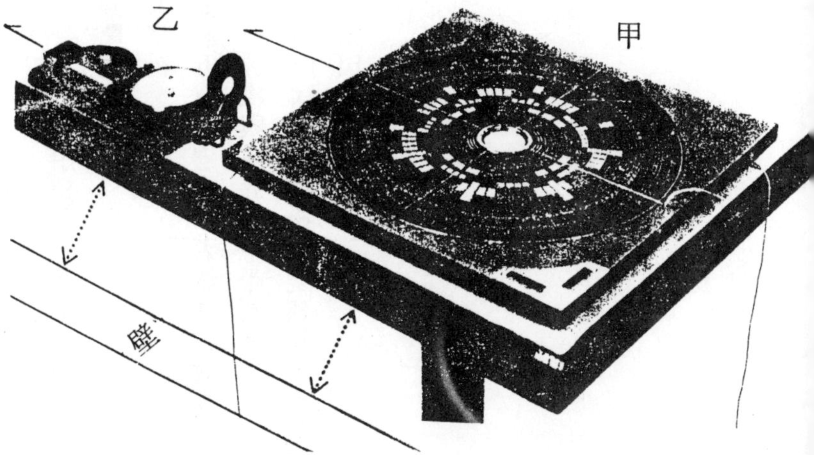

二、羅經之使用法

羅經係利用磁針以測定方位之儀器，因此使用時應注意磁場問題，因磁針會受現代建築物中鋼筋及家中鐵器、電器製品之影響，故測量時應選擇較空曠之地方，及受干擾最小之處為宜。

㈠測量房屋方向

擺放一張木製方桌於房屋空間中心點，使桌邊與兩片牆壁平行。（桌高為房屋高度之一半，擺在兩壁中間點，並移開其他鐵器製品，以避開磁性干擾。）

步驟一：將羅經持平，並貼近或將羅經邊緣平行於木桌之邊緣線。

步驟二：滑動轉盤，使磁針之釵形頭與羅經底座紅線上之兩點契合。

步驟三：以定位透明線所壓之層讀出方向

使用透鏡式指北針亦同。

㈡測量爐向

①將羅經持平。

②貼近爐子邊緣。若爐子爲鐵製者，則會影響磁針擺度，故需垂直退後二、三公尺。以羅經邊緣與爐灶邊緣平行。

③滑動轉盤，使磁針之釵形頭與紅線上之兩點契合。

④讀出方向。

第五章　陽宅之平面圖繪製方法

學習陽宅首先必須能繪製平面圖，因平面圖係測定房屋內部各部位置之最佳方法。

㈠**步驟一：繪圖**

(1)工具：鉛筆、五公尺捲尺、三角板比例尺、軟質橡皮擦、描圖紙。

(2)單位：比例尺用公分，三十坪以下用一比三十，三十坪以上用一比五十。

(3)量尺寸：凡牆厚度、門寬度、窗戶……都必須丈量尺寸，而後畫於描圖紙上。先將隔間量好，並標示於描圖紙上，最後再畫家中內部擺設物品，如有庭院則以庭院之欄杆爲準。

※一般牆厚度：外牆八～十二寸，內牆四～八寸。

※重點：門、爐、厠所、神位、電器設備、書桌、床。

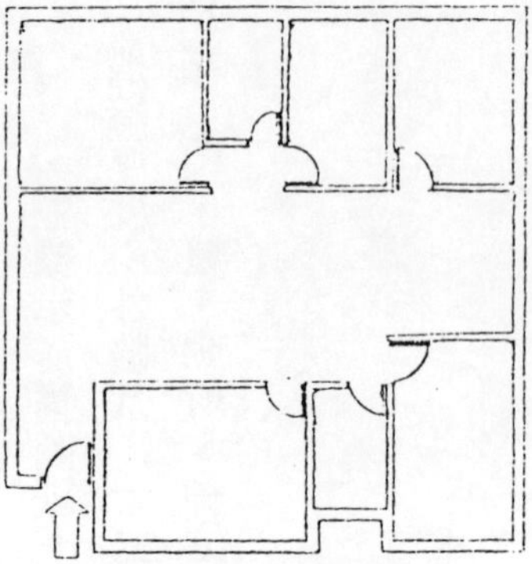

①先將外殼牆線畫好，再將內部隔間取出，並畫好大門及房門。

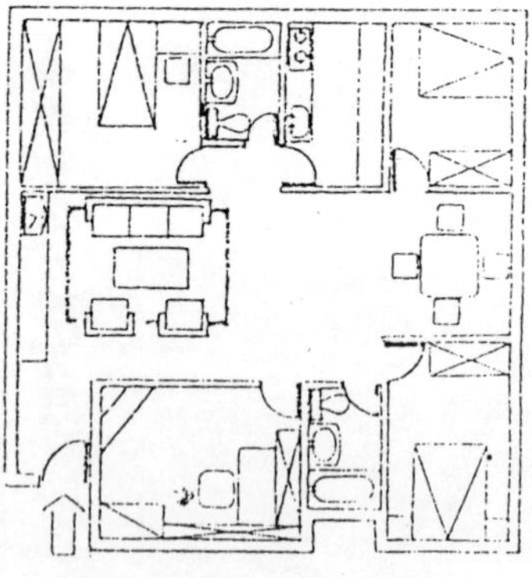

②最後將傢俱及各種設備添置上去，完成平面繪製圖。

㈡步驟二：測定度數

使用羅盤儀或指北針，依前章羅經之使用法測定房屋之座向，由羅經讀出度數。

㈢步驟三：繪製中心點

⑴工具：縫衣線、橡皮擦、美工刀（剪刀）、四開厚紙板。

⑵方法：將繪製好了的平面圖影印，以影印之平面圖貼於厚紙板上（或在厚紙板上再畫一次），用刀片沿邊緣線割下來，再如下圖所示：（直接依前法繪製在厚紙板亦可。）

①

②

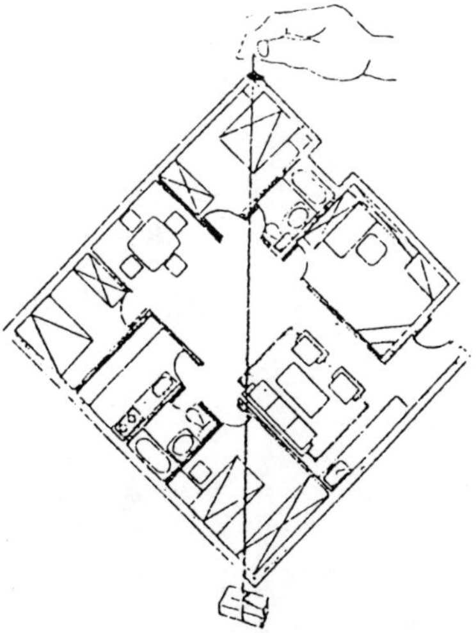

③

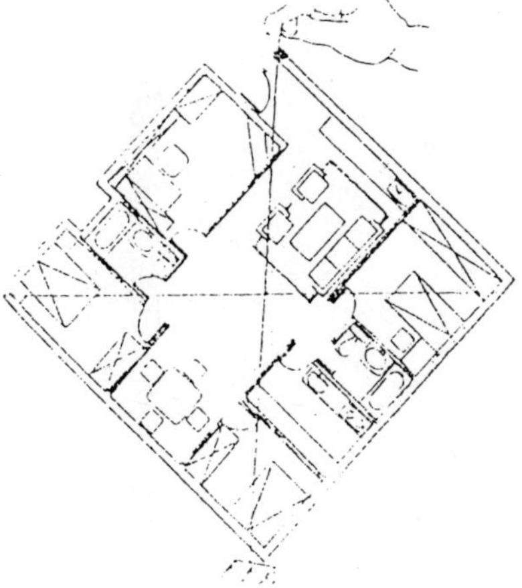

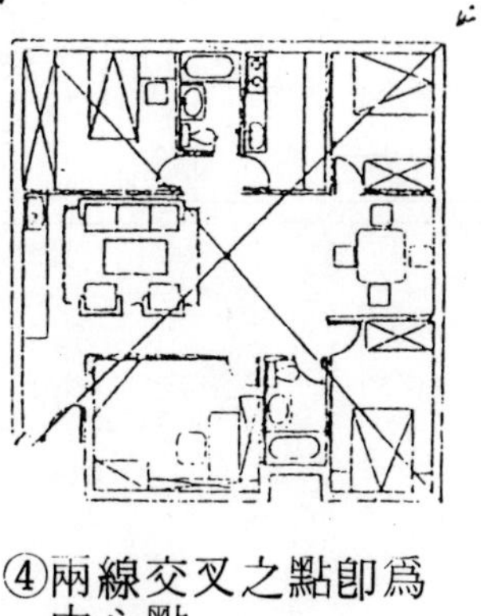

④兩線交叉之點即爲中心點

(四)步驟四：置方位（二十四山）

(1)工具：陽宅透明板。

(2)方法：將量好之度數和中心點與陽宅透明板之度數和中心點對準，畫出二十四個方位。

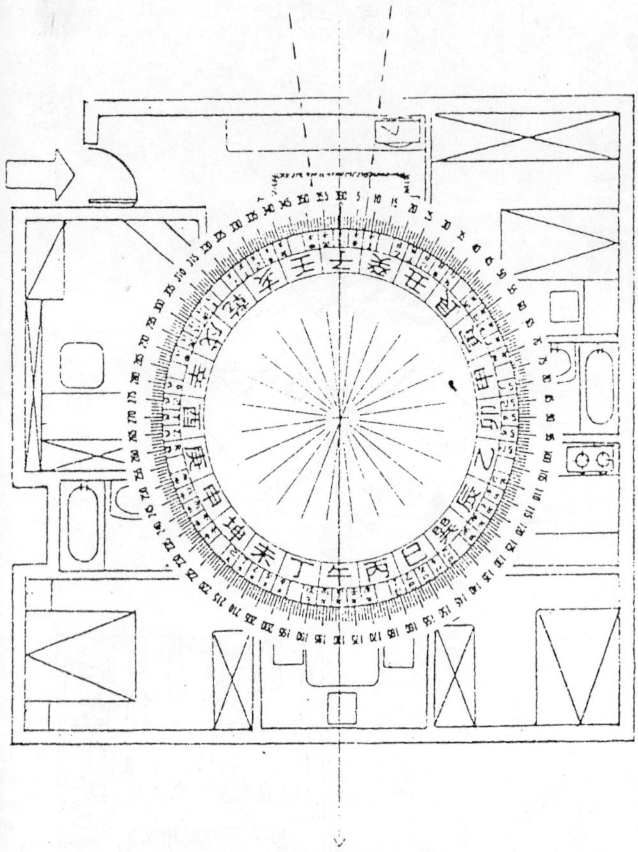

完成圖如下：

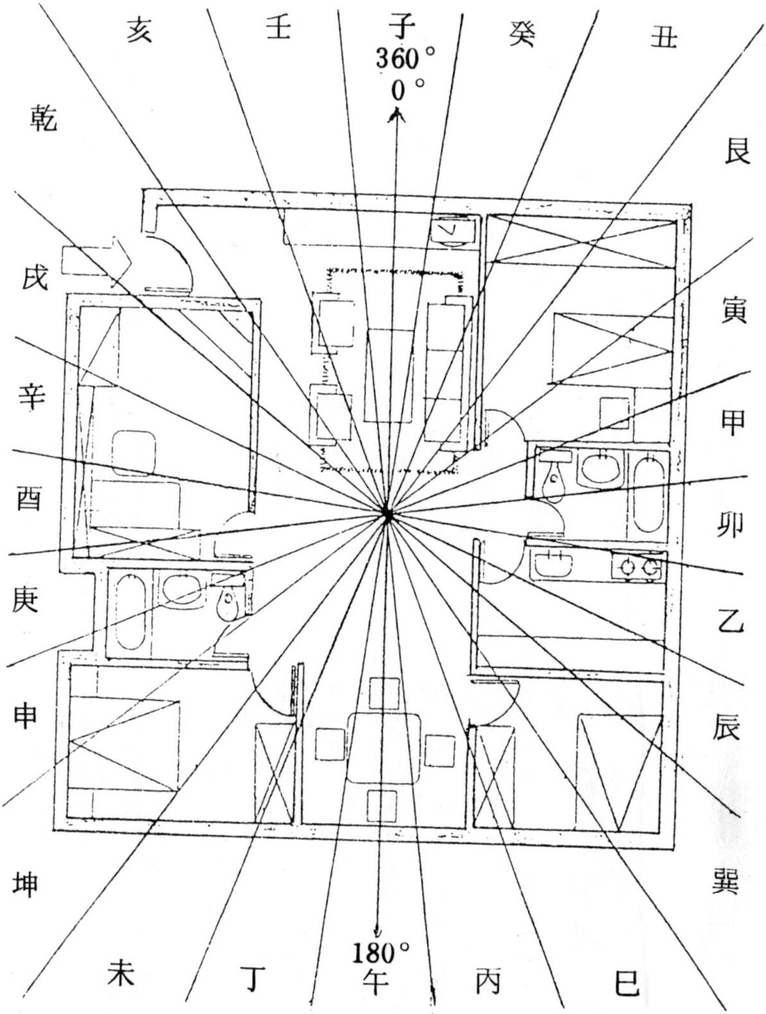
亥
壬
子
癸
丑
360°
0°
乾
艮
戌
寅
辛
甲
酉
卯
庚
乙
申
辰
坤
巽
180°
未
丁
午
丙
巳

第六章　選定自己最好之房屋

一、屋外形勢之探討

房宅與人之關係，除了討論門、家電製品、灶、床、書桌、廁所等方位之影響力外，尚需考慮周圍其他房子的影響力，卽屋外形勢的作用。屋內與屋外形勢之測量雖與羅經上之分類符號相同，均用壬子癸……戌乾亥等二十四個字，然二者分類的起始點却是不同的。屋內測量分類之起始點以地盤子字下納音層內戊子處爲0度，卽以地磁子午線爲基準。而屋外測量分類之起始點，則以人盤之癸字開始處爲0度，卽以地球子午線爲基準。

人盤之開始爲自癸字與地磁零度重疊，而地盤則以子字之正中與地磁零度重疊，二者磁度範圍不同，比較如下頁之圖。

打開世界地圖觀看，不難發現全世界地理位置最好者，除中國之外找不出能出其右者，就我國過去歷史可以證明一切。

有史以來世界上多少強國興起又沒落，甚至滅國。唯有我國立國五千年而不墜，究其原因，

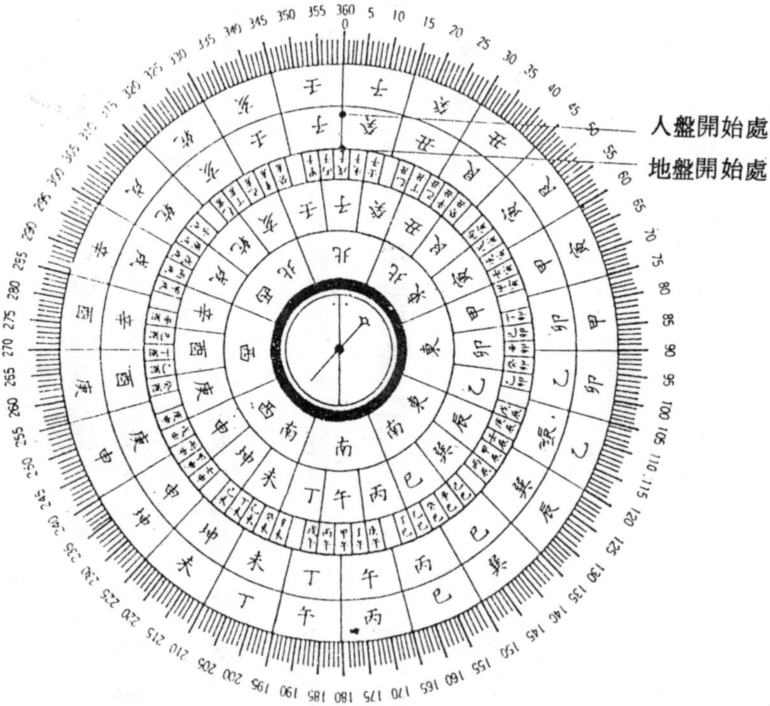

說明屋內與屋外之測量，於羅經上起始點不同。屋內地盤子字下納音層內戊子爲0度。屋外以人盤癸字開始處爲0度

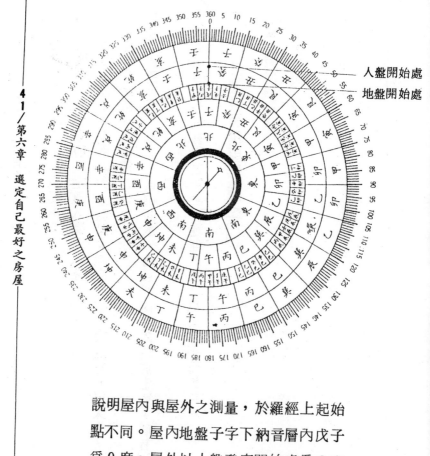

仍離不開地理位置之良好關係。舉例如下：

1.中國大陸幅員廣大，物產豐饒，地靈人傑，人才輩出。

2.國土四面八方靠山面水，後有廣大之亞歐大陸高山峻嶺爲後盾，寬大之大陸後高前低爲最吉利之形勢，而且右長左短亦合地理吉地之要求。

3.東南方面臨世界最大之太平洋，後山面水，而且東南方爲最富生氣、最有創造性及發展潛力之方向。

以上三點就足夠作爲最有利之見證。地理位置之重要性不待贅言。

二、屋外環境及房屋形態之吉凶

㈠吉利之環境與房屋形態：

建地前低後高爲大吉。

建地右長左短爲吉。

建地前窄後寬爲大吉。

建地方正爲吉。

屋宅深度長於寬度爲吉。

屋內隔間一、二、五、六、七、九間爲吉。

㈡不利之環境與房屋形態

建地前高後低爲大凶。

狹窄之建地建高大之房屋爲凶。

建地左長右短爲凶。

大門對大馬路、窄巷、電線桿、大樹、牆角、屋尖爲大凶。

大門對山谷、溪流、三叉路口爲凶。

前高後低之房屋爲凶。

平屋前後有高樓爲凶。

中高左右低之房屋爲凶。

屋後右邊（白虎）另有一間橫屋爲凶。

屋後左邊上（青龍）有一間橫屋爲凶。

一家連開三門爲凶。

亂石當門爲凶。

房屋前後有寺廟爲不宜。

房屋前有深林爲凶。
圍牆迫近屋宅或過高爲凶。
屋宅無後門爲凶。
屋宅中央有天井不宜。
大門和住宅正門成一直線爲凶。
流水經過建地爲大凶。
臥室對任何門爲凶。
建地成三角形，或任何一角有缺爲凶。
屋宅隔間三、四、八間爲凶。
中庭植樹、掘池，災病連連。
大樹當庭，不利人丁。
彎弓直箭身邊過，大凶。
涼亭直接住宅，難有寧日。
碎石舖地，陰氣重重。
開門見河、見樹冲大凶。

大門忌對著岔路口，隔角煞射入。
門前路弓射入大凶。
門前枯樹，家道中落。
屋角對沖爲大凶。
電線桿、烟囪對沖爲大凶。

㈢不好的房屋結構：

入門先見厠，退運之宅。
天花板過低，影響健康、情緒。
走廊在屋中央將屋切成兩半，大凶。
回字形走廊，不利宅運。
屋小門大，破財口角。
住家在騎樓之上，破財傷丁。
舊屋加樓，當心凶剋。
主樑榫接，必遭凶害。
透明之屋，不適於住家。

住宅南北比四人，官非災病。
住宅東西比四入，一生庸碌。
住宅正東缺角，衣食不周。
住宅正西缺角，大凶。
住宅正南缺角，難有寧日。
住宅西北缺角，影響子嗣。
住宅東南缺角，影響子嗣。
住宅西南缺角，消化不良。
住宅東北缺角，消化不良。
住宅左右不等，妻兒不利。
住宅前寬後窄，家道中落。
住宅缺四角，居之大凶。

三、方位與方向之認識

房屋有座位與方向，俗稱座南向北、座東向西等卽是。厨灶亦有灶位與灶向，現代瓦斯爐放

八方二十四山圖

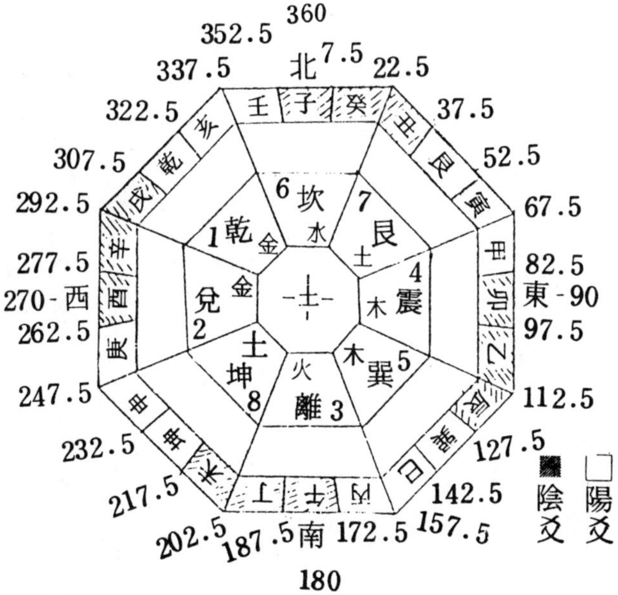

置位置卽爲灶位，灶向係火口，瓦斯爐開關之方向。門亦有位置與方向。

房屋之座向係子午線之度數爲標示之基準。而門、灶之方位與方向係以房屋中心點爲基準，依八卦方位（細密則二十四山）來決定其位置與方向，此係兩者不同的地方。

古時候房屋之座向，依八卦之方位分爲八大座山與向，每一卦管三山，合計二十四山。這是比較細密之分類，凡各種神煞、喜忌，擇日時均用之。座山有二十四個，故方向亦有二十四個，如圖。坎山離向，其中坎有壬、子、癸三山，向有內、午、丁三向。一般說來坐山之對山爲向，若子山爲午向，反過來坐南向北時，卽爲午山子向。以下類推。

門與灶之坐位與方向之看法，與房屋不同，

係以房屋之中心點爲基準，以八卦之方位定其坐向，而方向又以門或灶本身之位置爲準，看向東西南北八方之那一方。

門係由屋內向外看方向，灶由爐之火口之方向爲其方向。同一座向之房屋，因住左右兩邊之不同，其門、灶之方位完全不同，故選擇房屋時應注意，這與東西四命關係極爲密切。

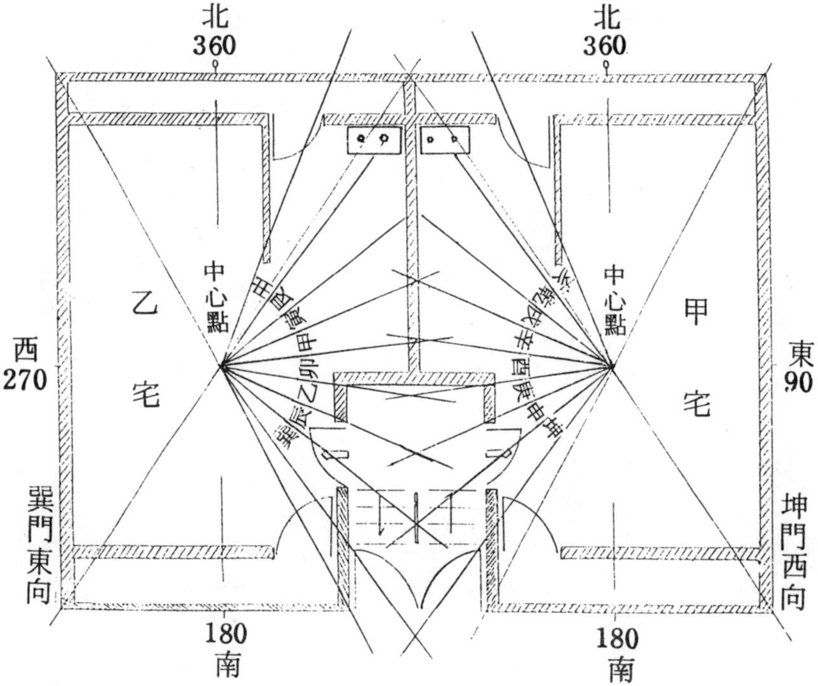

1.座北向南

甲宅：坤門向西，乾灶南向，宜西四命人。

乙宅：巽門東向，艮灶南向，宜東四命人。

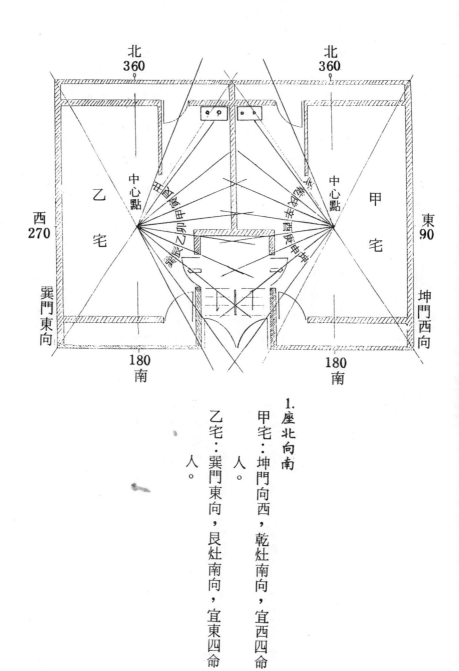

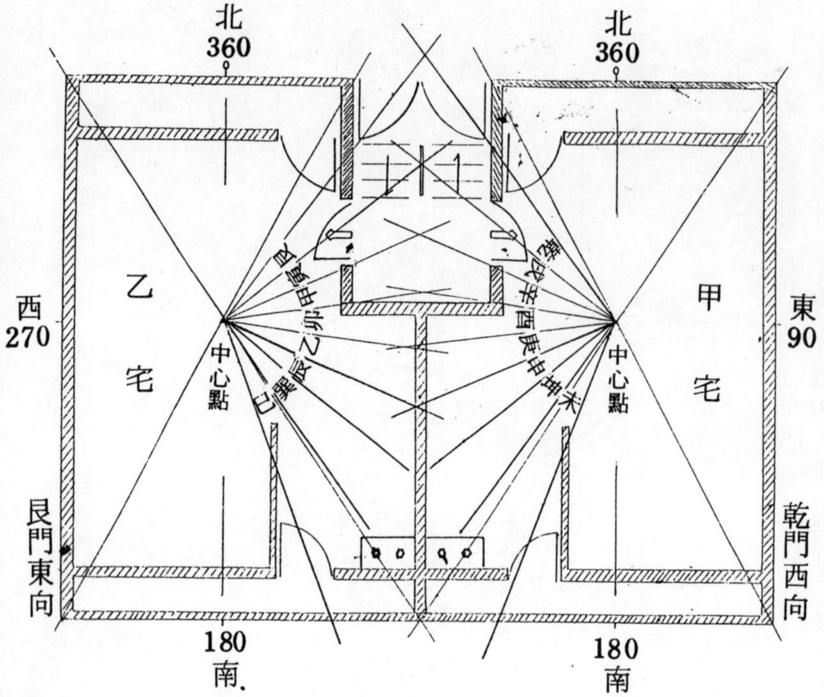

2.座南向北

甲宅：乾門西向，坤灶北向，宜西四命人。

乙宅：艮門東向，巽灶北向，宜東四命人。

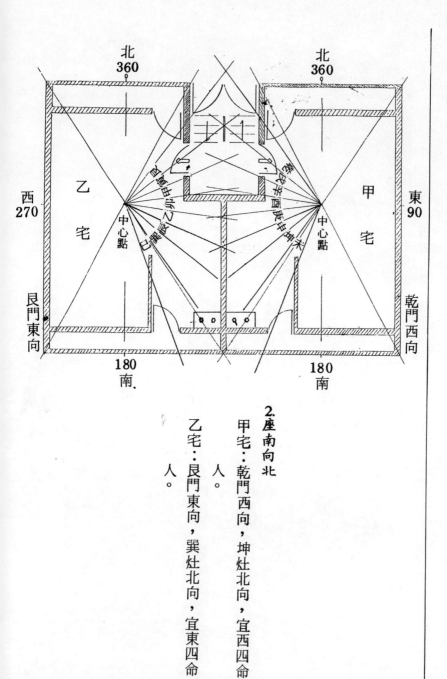

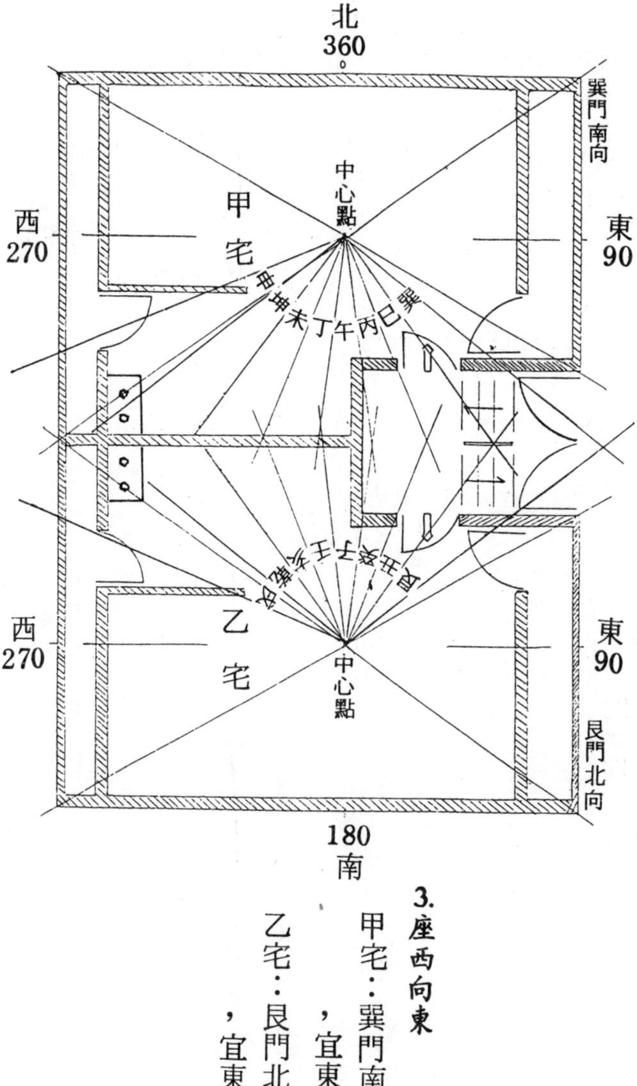

3.座西向東

甲宅：巽門南向，坤灶東向，宜東四命人。

乙宅：艮門北向，乾灶東向，宜東四命人。

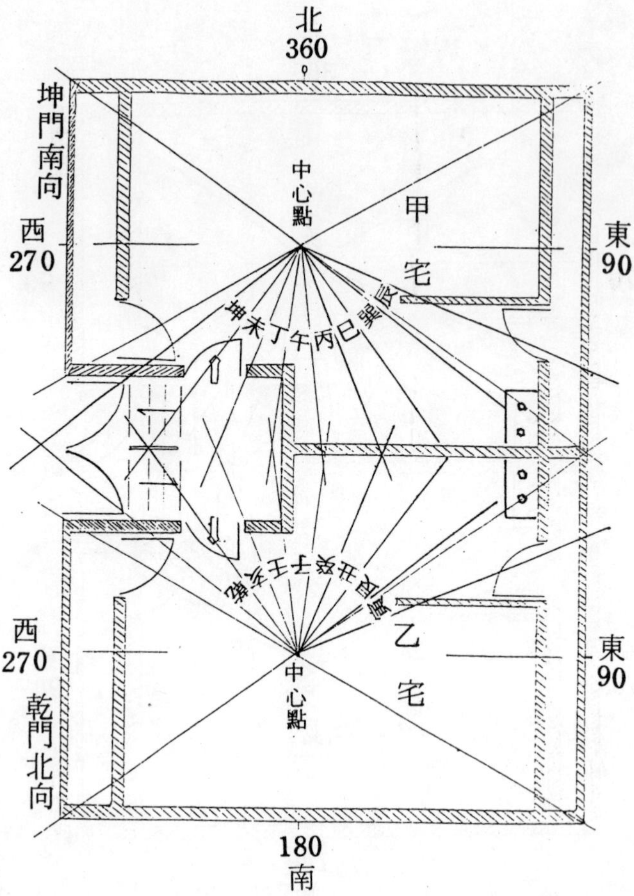

4.座東向西

甲宅：坤門南向，巽灶西向，宜西四命人。

乙宅：乾門北向，艮灶西向，宜西四命人。

由以上四種座向之房屋，因門、灶之位置與方向不同，而對於所住的人之喜忌也不同，以上係簡略之說明，要深入的研究，於第十三章中列舉詳細之範例作研討之參考。

四、門位與門向

陽宅三要論房屋之吉凶，以門、主、灶爲三大要件。門係房屋之出入口，保護安全之關隘。主爲房屋主人（卽家長）之起居室。灶爲供食之所。（主、灶另章論述）因此陽宅學非常重視門。因爲各人之命卦（磁向）不同，對門之方位與方向亦有不同之喜忌。所以選擇房屋之座向以外，門之方位與方向亦不能忽視，應對自己最有利之方位與方向做爲正門。

㈠門之種類：門大體上可分爲以下四種：

1.大門

大門係一棟房屋中最先進入之門，現代建築多爲集合式住宅或辦公大樓，進入一棟房屋之第一道門，通常都在一樓樓梯門，係同棟房屋或辦公大樓出入之人共同使用之門。住樓下或樓下辦公之人通常不使用公用大門，因此大門爲其單獨使用，同時亦兼具正門之作用。

四合院之大門係指房屋外圍牆開啓之門。

獨棟房屋或別墅，其大門係進入庭院之門。因係主人及家人專用，論宅之吉凶時，此門亦佔重要之地位。

2. 正門

正門係一戶人進入屋內之門，現代陽宅論房屋吉凶時，以正門爲主，因爲大門爲大家所共用，而正門則係此戶所住之人所專用，以一物一天地論，所居住房屋爲一天地（小太極），進入此小太極之門（正門），其重要性勝於大門，自不待言。因此本書所稱之門均以正門爲主。特殊情形另行說明。

3. 後門

房屋前面有大門、正門，但是後面必須有後門，如果二樓以上之房屋，後門更應該與安全梯有通路可通，萬一遭到火災，前門不通，還有後門可逃。古代少有高樓大廈，無逃生之疑慮，而現代高樓大廈林立，後門之重要性更不必說了。

房屋只有前門而無後門，好像一個人只會吃飯而不會拉屎，這樣的房子，住久了必定出問題，所以好的房子必要有後門。

4. 其他門

房屋尚有許多其他的門，如房間門、浴厠門、廚房門、倉庫門等。這些門雖不比大門、正門、後門重要，不必考慮其方位，唯須注意以下原則：

(1)門與門不可相對。

(2)各門不可與正門成一直線。

(3)出入方便，不佔空間爲宜。

(二)門對居住者之影響

從建築物可看出每一時代的美學觀點與建築技巧。但現代建築大多只求美與空間結構的利用，鮮有考慮到與建築物關係最密切的居住者或使用者是否適合居住或使用的問題。一個人並非住進豪華、美觀的大廈就會感到舒適、萬事如意。一旦房宅之方位與人不能配合時，往往容易使居住者心浮氣躁、思想力減退及判斷力失常而造成失敗等情形，陽宅學就是幫助人使建築物的功能達到頂點的學問。

陽宅學首先討論的就是門。門之種類繁多已如上述。陽宅學上的門是指私人活動範圍與外界的第一道通口處，即一般所指之大門，但公寓大厦共同使用之門，並不在本章所討論之列，以前述正門爲主。若一座房子之前門、側門、後門與外界直接相通時，則以使用頻率最高者爲討論之原則。

門之討論重點分爲兩項，一爲門位，一爲門向。

門位的作用類似於門向者。正確時，可使人與外界接觸的活動中，反應正確。錯誤時，常易使人反應錯誤，而於事務之處理上招致失敗，於人際關係上喪失人緣，到處碰壁。

門向與門位均需在一個人的好方（吉方）始爲正確。何謂好方？卽是與人出生年卦同宮之卦所在的方位。有好方相對的必有壞方（凶方），卽是不同組之卦所在之方位。請參照第三章各命卦的喜忌方位。

門向影響人在出入門的刹那間地磁與人之磁場的感應與變化。此作用決定一個人對外的活動力。當方向正確時，活動力增加；錯誤時，活動力減弱。

門向若正確時，則有四種現象產生：

1. 生氣門：積極的向外發展。
2. 天醫門：來來往往的奔波，但終有所成就。
3. 延年門：思考力敏捷，反應迅速，處事圓滑而有極佳之人緣。
4. 伏位門：有計劃地、慢慢地、穩紮穩打地向外發展。

門向若錯誤時，則易與外界產生衝突，亦有四種形態產生。

1. 絕命門：因他人之造謠、誣陷而致失敗。

2. 五鬼門：極易與他人產生對立的狀況。

3. 禍害門：極易陷於他人僞善的圈套中，而被腐化瓦解以致失敗。

4. 六煞門：易產生不當之感情關係或僞造文書而致失敗。

㈢東四命人吉利之門

⑴東南方——最理想之方位，象徵家運昌隆，信譽遠播，婚姻圓滿，事業順利發展，更有利於長女。

⑵東方——對事業發展有誘導力，家人富有創造性及企劃的能力。若不合原則，則不利於長男，投資容易失敗，或被人詐欺等。（二大原則後述）

⑶北方——偏向西北較理想，身體健康，能得部下支持，中年後得好運。若不合原則，恐影響家人健康，或易起桃色糾紛，中年以後之健康，尤不利於次男及中年男性。

⑷南方——對於腦、思維有很大助益，故對文化工作者最適合。以稍偏東爲佳。若不合原則，則不利次女及中年婦女。影響神經或家庭信譽受損。

門之二大原則：

1. 設計不可凹進去，稍凸出雖好，但不可超過六十公分。

2. 門之中心點不宜設在方位之正中線，宜稍微偏左或偏右。

四西四命人吉利之門

(1)西北方——有利於家長、男性，使其有活力有朝氣，可以促進健康，增加財富和地位，會意外受到長官長輩之提拔，事業順利發展。不合原則，則有相反之意義。

(2)東北方——從事執業律師、醫師有利，經營不動產者亦有利。對么兒及小孩有利。惟古時稱東北門爲鬼門，不宜正對東北，否則一切不順，更不利於次女。

(3)西方——對女性特別有利。

(4)西南方——對男性不利。男性游手好閒，沒有工作意願，依賴女性，而恐影響健康。宜偏南方或朝向南方以資補救。

五、主臥房與床位

一主房

古時對主房論爲三要之一，然而門、灶有東西四命之分，對主房並定位。以高大者，門主相生者爲吉。主房所以重要，不外是主人起居作息之地，利與不利，影響一家之主之健康、婚姻、意志與事業。

一般來說，較寬大之房間，居於家長四大吉方之房間，且與大門方位相生者最爲吉利。

四大吉方卽生氣、天醫、延年、伏位之方位，東西四命各不同，請讀者參閱本書第三章所述。

(二)床位

佈置床位要注意以下三項：

1.床鋪不宜安放在屋頂橫樑之下面，因爲橫樑特別粗，直接影響床鋪上之磁場。從另方面說，如果沒有加裝天花板，睡在橫樑下，看橫樑就有莫大之壓迫感，心理上也是很不舒服。

2.床鋪高低要合適

不宜過高，過高則上下床不方便，眼看樓板亦有壓迫感。亦不宜過低，低則影響空氣之流動，濕氣過重，古時稱風水，與現代人論空氣新鮮與否、濕度高低等不謀而合，僅說法不同而已。

3.床鋪不宜正對著鏡子。長期相對會產生心理上之威脅。

(三)臥室應避免與廚房、儲藏室相鄰

臥室不限於主臥室。因爲廚房油煙多，又容易潮濕，儲藏室堆放無用之雜物，容易藏著污染，對體質過敏之人不好，容易引起其他疾病。

(四)床頭與臥向

床頭與臥向，係一體兩面，床頭係人睡眠時頭的位置，臥向係睡眠時腳之方向，與房屋座向意義相同。

睡眠時應向本身命卦四吉方爲吉利，床頭位置不宜向正西方，古書雖無此記載，但一般人對歸西爲一種禁忌，故頭不宜朝西。

（按民俗活人行脚在先，死人出葬頭在先），同樣道理床頭不宜向著房門。

㈤床位當置於本命卦之同宮處

本命卦之同宮處，即東四命者，需安置床位於東、東南、南、北四方位上；西四命者，則可安床於西、西北、東北、西南四方位上。

因安置床位須在命卦之四吉方，臥房亦應在命卦之四吉方，但房間不可能完全符合各人之要求，故應以床位彌補其不足。（通常一房間，極少僅佔一方位者，佔二方位以上爲多。）參照下頁圖。

例如兌卦者：

1. 置床於房宅中心點之西北方時，則喜談論且立論正確。夫妻感情生活甜蜜。（生氣方）
2. 置床於房宅中心點之西方時，女性者，則有自言自語的傾向；男性者，具有美的構想，且易接受異性的建議與影響。（伏位方）

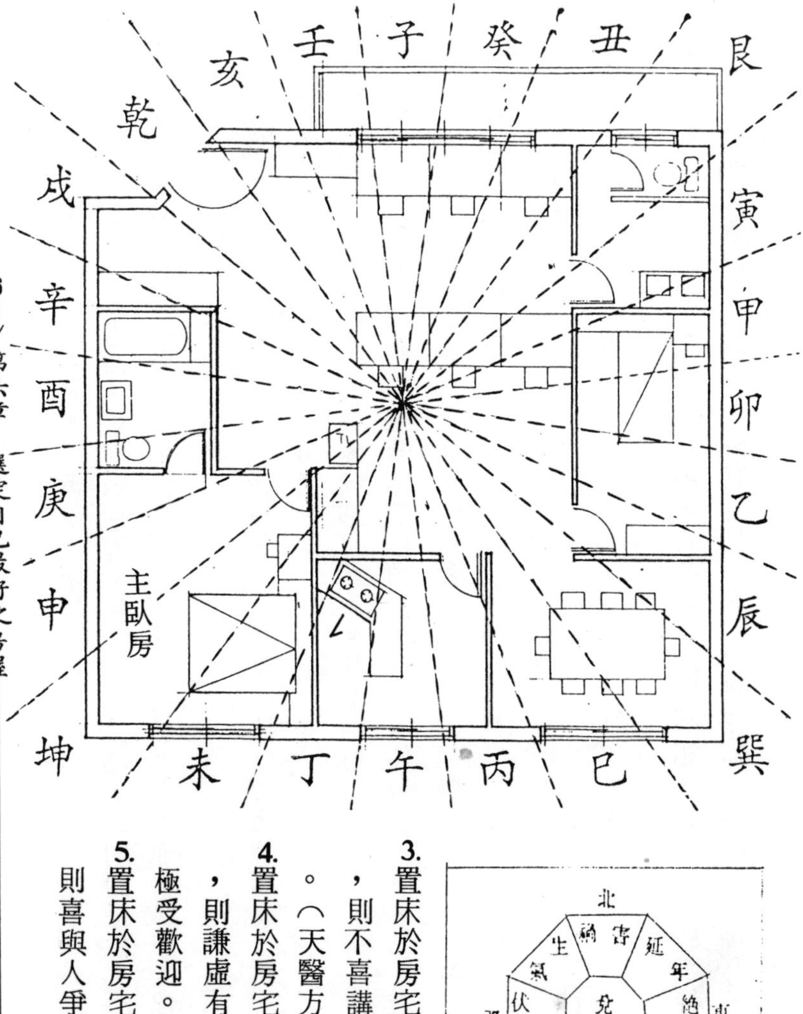

3. 置床於房宅中心點之西南方時，則不喜講話。身體較爲健康。（天醫方）

4. 置床於房宅中心點之東北方時，則謙虛有禮，於團體生活中極受歡迎。（延年方）

5. 置床於房宅中心點之北方時，則喜與人爭論，反駁他人。於

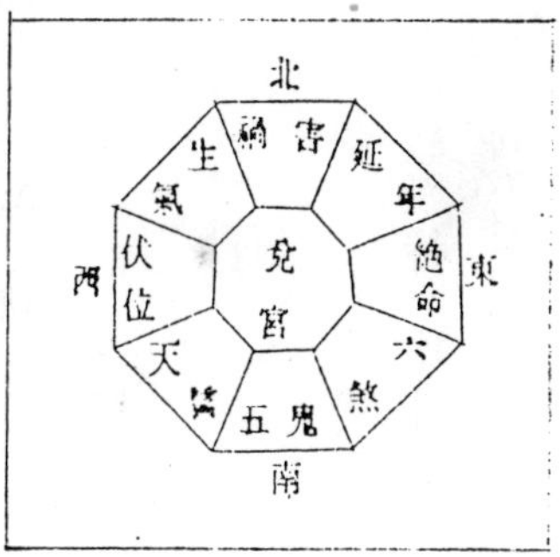

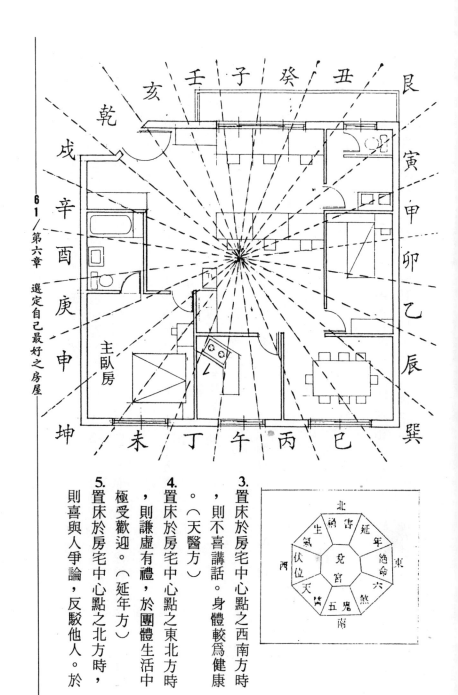

身體上，易有頭痛、背痛等症狀出現。（禍害方）

6.置床於房宅中心點之東方時，則易有血管、腺體或內分泌上之問題產生。（絕命方）

7.置床於房宅中心點之東南方時，則肝功能受干擾，極易疲倦，睡不穩，坐骨神經痛等症狀出現。（六煞方）

8.置床於房宅中心點之南方時，則易反應錯誤，得罪他人。（五鬼方）

等等狀況出現。餘卦者，則可類推。

兌卦人居住上圖之房屋，其發達成功可期。究其原因有三：

1.門——乾門乾向，即生氣門生氣向，做事積極進取，向外發展。甲、乙、亥、卯、未年發。

2.主房——坤位兼兌位均為吉方，床位坤位兌向，身體健康得妻助。（天醫、伏位方）

3.灶——離位坤向，灶壓五鬼向天醫。

以下類推。本書所有圖表都有連貫性用途，請多注意則運用自如。

六、家人之臥房

每人生辰不同，命卦各異，因此各人吉利之方位亦不相同。家人有數人時，其喜忌之方位未必一致，古時論風水以家長為主，家長吉利，家人自然託福。惟每人磁向不同，應選擇最有利於其磁向的方位（四吉方）做臥房，才算吉利，有利無弊。否則時間久了，必然發生不利影響。

現代的住宅昂貴，受房子坪數的限制，無法一一配合每人磁向定房間，唯一方法是選擇較適合者爲之，其次以床頭之方位補其不足，亦不失爲好方法之一。

七、灶位與灶向

爐灶係房屋陽宅學三要之一，其重要性自不待言。門的方向與門的位置，正確與否，影響人對外活動力之強弱與反應力之高低；而爐灶的方向與位置，主要的爲影響人體內之變化，間接地影響對外之活動力及反應力，故爐向與爐位至爲重要。

㈠灶之位置

爐灶的擺設位置，需置於壞方上。卽東四命者，置於東北、西南、西或西北四方位上；西四命者，置於東、東南、南、北四方位上。爐灶位置的作用，以其所在方位正確時，可將不利於人體的波能，因燃燒作用而改變，爐位錯誤時，會干擾對人體有益的波能，進而影響人的健康、思考與判斷力。

㈡灶之方向

爐灶的方向，需向於好方。卽東四命者，需向屬於東宮之方向，卽向東、向東南、向南、向北；西四命者，需向屬於西宮之方向，卽向東北、向西南、向西或向西北。爐灶方向正確時，所煮出之食品，能携帶有益的波能，進入人體內，於腸壁細胞中，順利地被吸收，促進健康，間接地影響人的判斷力與情緒。

古時候風水學認爲灶台應壓住家長的凶方。事實上厨房係家庭主婦的天地，灶台應該壓住家庭主婦的凶方，火口應向家庭主婦之吉方，才是合乎現代的需要。

吉方與凶方仍參照東西四命喜忌之方位圖，依自己所須，壓抑或有利的方位與方向，安置灶台與火口。

八、浴室和厠所之方位

從前或目前的老式房屋（四合院等）之浴室和厠所大體上均分開設置。現代建築浴厠均建造於一室，套房則設於臥房內，因此浴厠均爲同一方位上爲多。

浴厠是排泄污物的所在，所以房屋風水學認爲是不利的地方，因此應該置在不利的方位上，期以負負得正的原理，壓抑不利的影響。

過去對於西南和東北兩個方位，絕對不做浴厠之用，這可能與氣流有關，怕污穢的臭氣往內滲透，使房屋內受到不利影響。唯現代衞浴設備用抽水馬桶與化糞池，房宅內可隨時保持清潔，故這種顧慮自然減少。

古時廁所之建造，有不得建於方位中心線之禁忌，據說在方位之正中線，可能有不利的影響，所以宜造在偏左或偏右各五、六度之間。

浴廁之門，不宜向北或與大門相同方向，抽水馬桶之位置也應避免朝正北或朝大門的相同方向，這會潛伏著對家人不和或疾病的傾向。浴廁亦應注意空氣流通，氣窗最好用廁時同時抽風。

廁所不可設置於文昌位上，（即以門位對角方位為主，九星飛宮後，四巽所在之位置。）（飛宮演變法則請參閱第九章。）

最不宜設廁所之方位：

門位	對角方位	廁所最不宜之方位
北	南	南
東北	西南	西
東	西	西南
東南	西北	東
南	北	東北
西南	東北	北
西	東	西北
西北	東南	中央

四巽所在之方位，即文昌星所在，主管讀書與聰明，故家中有小孩讀書，思考及考試之好壞，均與其有關。故此方位不可設置厠所，否則不利讀書人，對考試更有不利影響。

九、樓數之選擇

樓數之選擇，依據五行相生學說，與河洛之數配合而成。取大樓之坐向五行，與河洛數之五行相同者爲最佳，相生者爲次。

各樓之五行如下：

一、六屬水。

二、七屬火。

三、八屬木。

四、九屬金。

五、十屬土。

大樓朝向與樓次間宜忌之關係

大樓坐向	最佳	次者	再次者
坐北	一樓、六樓	四樓、九樓	二樓、七樓

坐東北	五樓、十樓	二樓、七樓	一樓、六樓
坐東	三樓、八樓	一樓、六樓	五樓、十樓
坐東南	三樓、八樓	一樓、六樓	五樓、十樓
坐南	二樓、七樓	三樓、八樓	四樓、九樓
坐西南	五樓、十樓	二樓、七樓	一樓、六樓
坐西	四樓、九樓	五樓、十樓	三樓、八樓
坐西北	四樓、九樓	五樓、十樓	三樓、八樓

十、夫妻命卦之配合

古籍上討論婚姻時，多以東四命者需與東四命人結合，西四命者需與西四命人結合。若命卦屬東宮者與西宮者結合時，則易招致不幸或不育兒女等。

事實上不盡如此，單以出生年論一對夫妻之命運是不合理的，應考慮夫妻二人之本質，即其八字用神與命卦配合後所產生之作用關係。

用神爲甲木時，最宜與震卦命人結合，將因精力充沛、性生活美滿、工作勤奮而致成功。

用神為乙木時，最宜與巽卦命人結合，夫妻二人中往往妻子能幹，對丈夫事業幫助非常之大。以下類推。

用神與婚姻形態之配合

用神	婚姻形態		
	最好	亦可	最忌
甲木	震（貪狼）	巽	兌
乙木	巽（輔弼）	震	兌
丙火	震或艮（巨門）	離	坎
丁火	巽或艮（巨門）	離	坎
戊土	艮	坤	震
己土	艮	坤	巽
庚金	乾（武曲）	兌	離
辛金	乾	兌	離
壬水	乾或震	坎	艮
癸水	乾或巽	坎	坤

婚姻形態	努力而成功之時機
貪狼婚（震）生氣	辰、戌、丑、未
輔弼婚（巽）伏位	辰、戌、丑、未
廉貞婚（離）（且火爲用神時）五鬼	巳、酉、丑
巨門婚（艮）天醫	申、子、辰
祿存婚（坤）（且土爲用神時）禍害	申、子、辰
武曲婚（乾）延年	亥、卯、未
破軍婚（兌）絕命	亥、卯、未
文曲婚（坎）（且水爲用神時）六煞	寅、午、戌

十一、房屋形態之探討

購買房屋先看屋外環境、房屋構造、門、主、灶、厨、厠方位是否適合之外，其次就是房屋之形態了。現代建築物有兩個傾向：

一是爲美觀藝術之考量，作多種曲線之結構。

二是爲配合基地之地形及容積率、建蔽率之限制，作十足之利用。

基於上項考量，房屋結構就產生了各種不同之形態，凹凸滿缺的情形就多了。房屋宜凸不宜凹，凸是滿，凹是缺。大家都喜歡滿而不喜歡缺，但是凸出有一個限度，要在六十公分的範圍內

「缺」與「突」

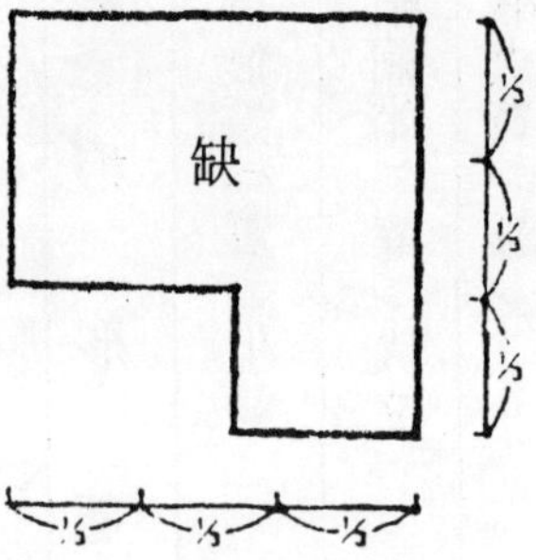

縮入的部分若在一邊長度的三分之二以內即爲「缺」。

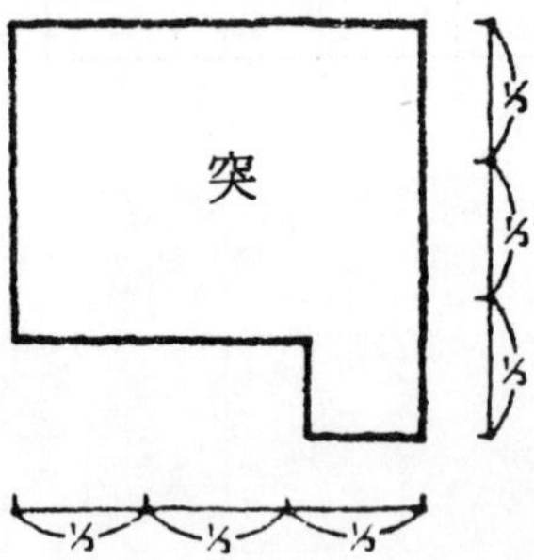

突出的部分若在一邊長度的三分之一以內即爲「突」。

才算是滿，超過了這限度，則是太過，又變成缺點了。

凸與凹原是相對的，這一角凸出，另一角算不算凹進呢？這要看凸出部分所佔比例，如果凸出部分佔一邊的三分之一，那邊不算是凹進，如果凸出的部分佔一邊的三分之二以上，那邊才算是凹進（即凹形部分佔一邊的三分之一以內被認爲凹缺）。參照上頁圖。

㈠房屋之形態論吉凶

房屋之形態以方形、長方形、四面八方都完整無缺者爲吉利。不過仍有例外，分別說明如下。

1. 方形或接近方形的房屋

看起來穩穩重重，四平八穩，很適合老年人居住，他們淡泊名利，只求安定，是最好的住家，但讓年青人來住，就不夠進取，希望不容易滿足。這是房屋之形態對居住者心理影響很明顯的例子。

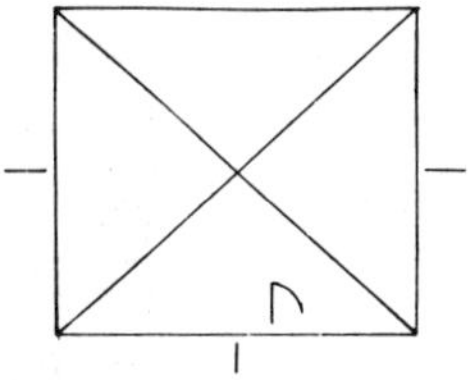

2. 長方形的房屋

若是南、北方向長的房屋，居住的人，人緣好，如不斷的努力，各方面都會有進步。

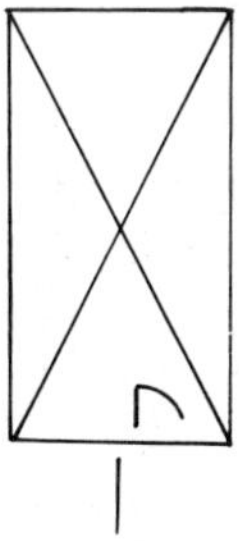

不但要實行，還要持久，這是住長方形住宅應有的認識。

若是東、西方向長的房屋，也有以上類似的趨向，住進去的人，平易近人，作事很積極，只是性格方面容易浮躁，需要將眼光放遠也要有耐性。這種房屋開店舖，比作住家好。

長方形房屋如果淺而寬則不宜，住進去的人，人緣較差，作事欠缺積極與耐性。（上圖）

過於狹長的房屋亦不宜，除光線不佳，空氣流通不好，容易生氣喘病外，尚有以下數點缺陷。（下圖）

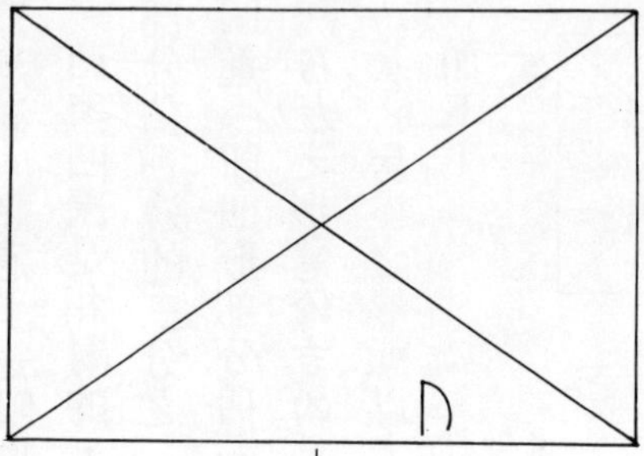

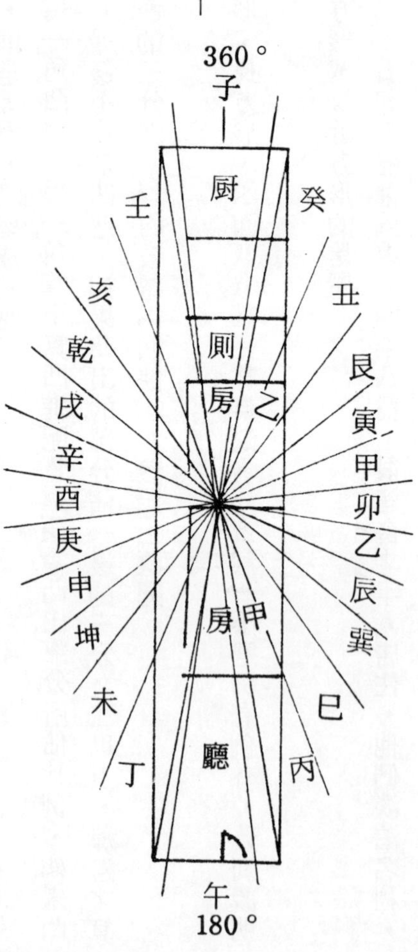

走廊佔去大部份空間，房間方位不易配合居住者命卦之需要。如甲房方位爲震、巽、離、坤，乙房方位爲震、艮、坎、乾，厨、厠方位大部分相同，爲離卦。

㈡房屋八方凸與凹之吉凶之檢討

1. 東方

凸的部分在東方，所住之人富有積極的進取心，有著發展才能的潛力，對於投資新事業，着手新的計劃，較有積極進行的趨向，年輕一代，尤其是長男很有出息。凸的部分應作有利的運用，大門玄關、客廳、餐廳、臥室都可以，不宜作浴厠之用。圖28。

東方若凹進的設計，住進去的人，會性急焦慮，缺乏朝氣和活力，意志薄弱，缺乏判斷力，容易與人衝突或發生誤會，而且下一代容易出問題青少年，或長男之事業、婚姻方

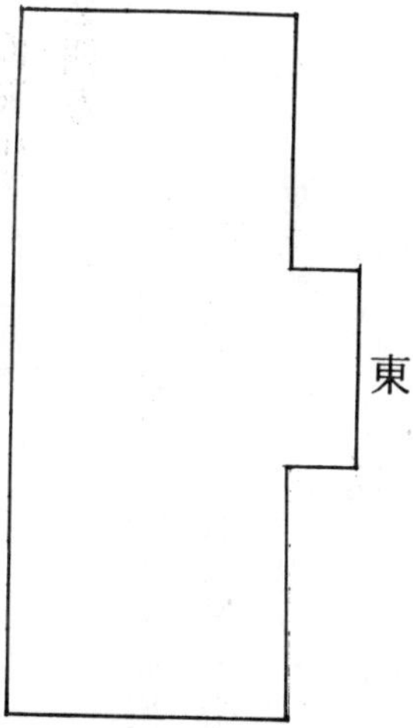

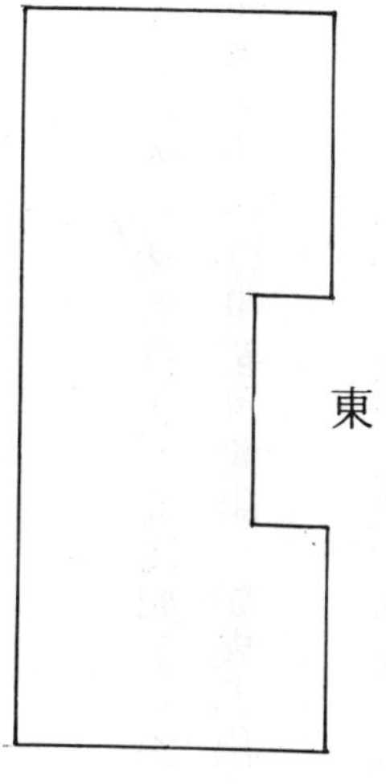

面發生意外之阻礙。

2.西方

凸出的時候住進去的人，如果西四命人最好，家庭和睦，金錢如意。如果東四命人住進去，則喜遊逸，圖目前快樂，不願意作事，而影響事業及健康。如果凸出的部分太過的話，會變成被人討厭的守財奴。

凹缺的時候，可能引起患上要動外科手術之毛病，或發生桃色糾紛，以致影響家庭與事業。

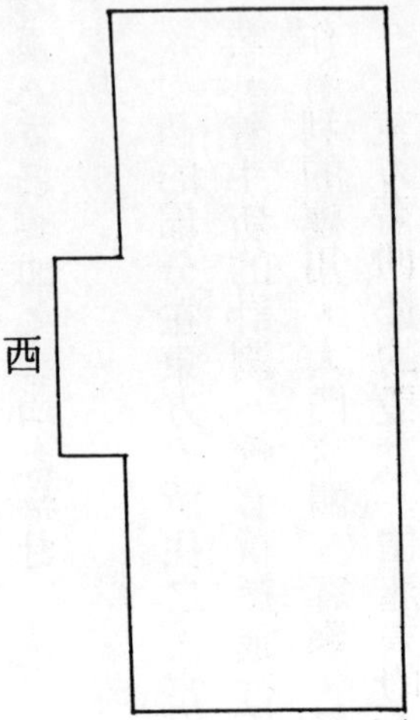

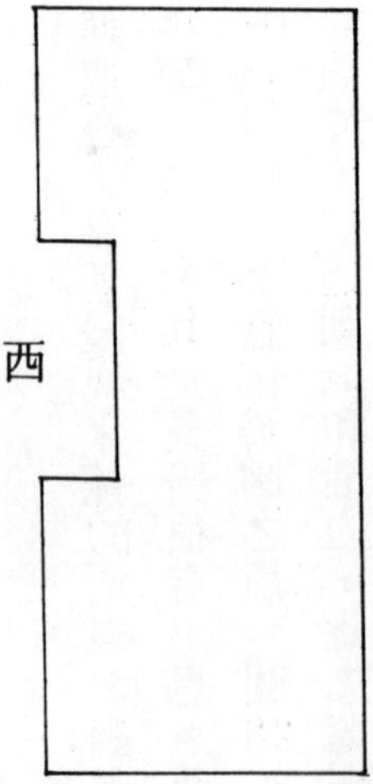

3.南方

若南方凸出，住進去之人，前額豐滿，能夠把握機會，作最有利的判斷，從事學術或藝術，多能成功揚名。這種人作事始終一貫，非常努力，個性比較強。

若突出太過則自信心過於強烈，不易接納別人建議與批評的缺點。次女美麗大方，同樣影響其個性強。

若是凹進，就容易判斷錯誤而招致損失，缺乏先見之明，或爲人保證而需賠款，尤其坐北朝南的房子，設計大門、正門的位置必須格外愼重。

4. 北方

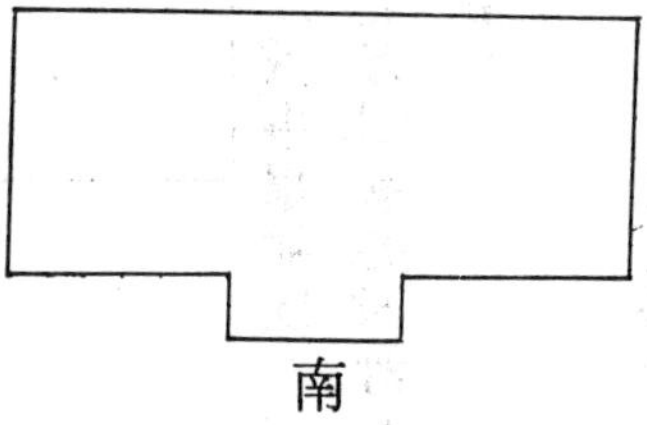

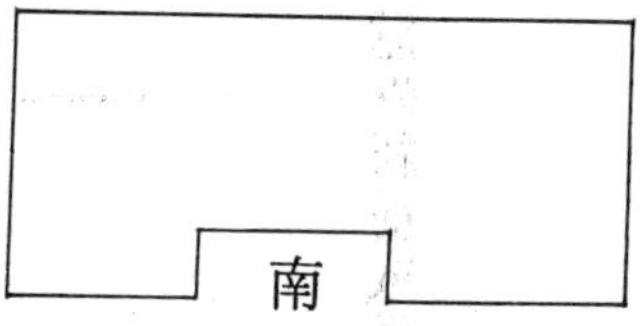

北方凸出的房子，住進去的人，心腸仁慈，肯幫助貧窮而不願人知，爲子孫積陰德，因此子女孝順，並能得部下及晚輩之敬仰擁戴，家庭收入穩定，社會關係良好。

若凸出太過會變成膽小，却作出令人驚訝之糊塗事，或過於輕浮，作事未成又着手另

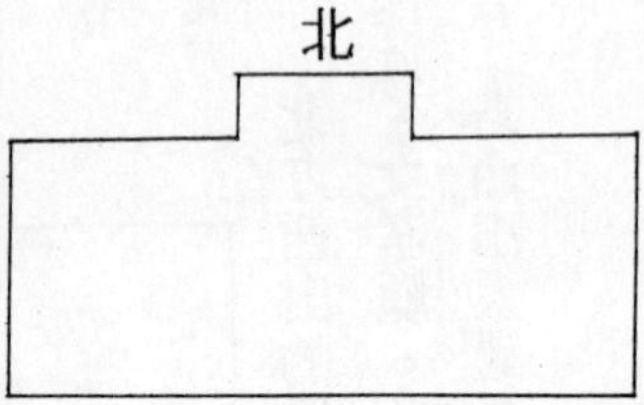

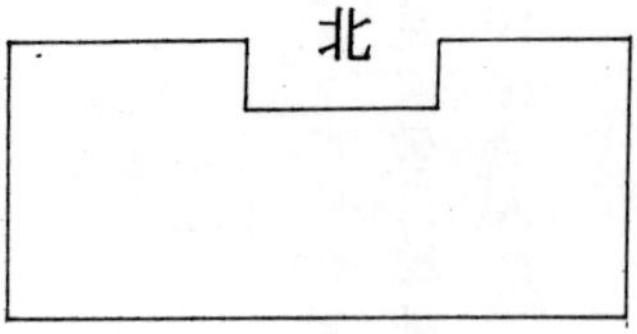

件事，以致事事無成。

如北方凹進的設計，容易遭竊，或意外糾紛或災害，患高血壓或捲入桃色糾紛案件而難以自處。

5.東南方

東南方凸出之房子，住進去的人，穩重可靠，言而有信，篤行實踐，而且一分耕耘就有一分收穫，宜從事國際貿易。過於突出又有優柔寡斷，無所適從之缺點。此方利於長女或長媳。

凹進去的時候，對長女或長媳的健康或婚姻有不利的影響，或因長媳的緣故，引起全家的不安，作事雖然努力却無成果。

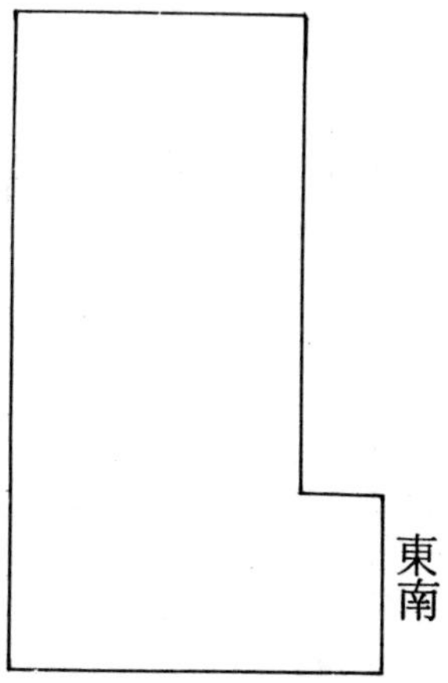

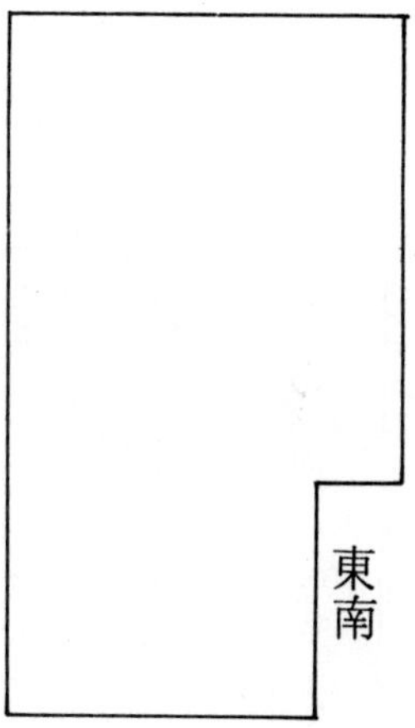

6. 西南方

西南方凸出的房子，對男性不利，往往不務正業游手好閒，或體弱多病，軟弱無能，家裡是女人操實權。

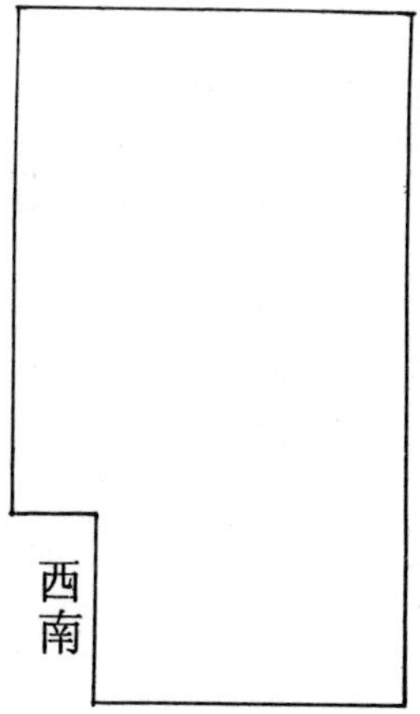

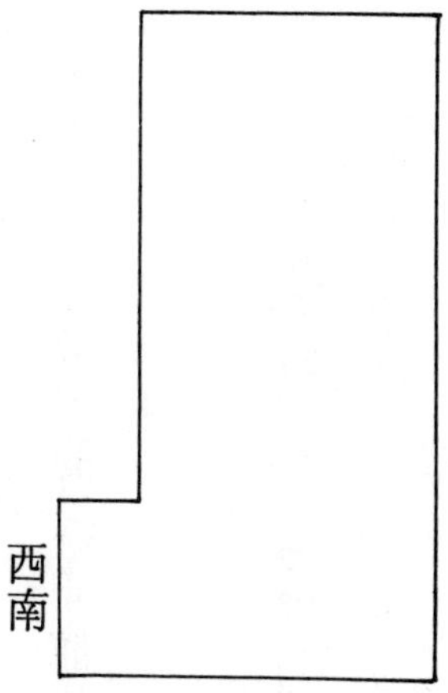

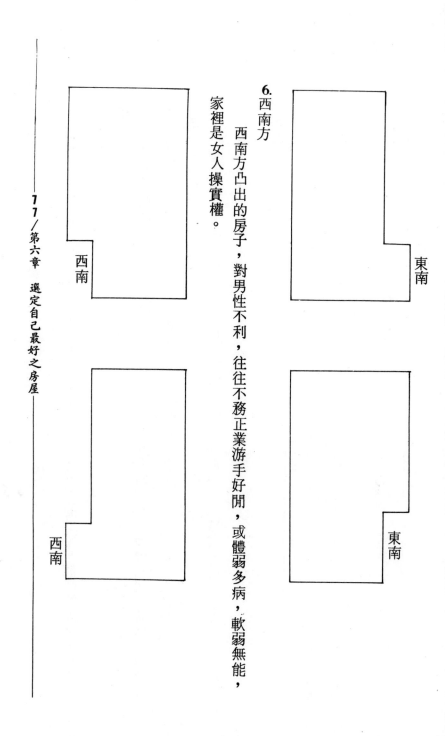

凹的時候，却能讓一家人勤勞愉快，對男人也沒有不利的影響，惟缺的太多，仍對老母及家庭主婦不利。

7.東北方

東北方凸出的房子，住進去的人，只要是合理的慾望，都可獲得滿足，暫時的惡運或婚姻受阻，自住進去後可獲得好轉，困難也得順利解決，但是不可能永久的持續好運，而有浮沉不定的趨向。

凹進或突出太多，就會有不合理的慾望，而會採取不合理或強烈的手段或作爲，因此招致意外災害或訴訟，甚至患上難以醫治之疾病。

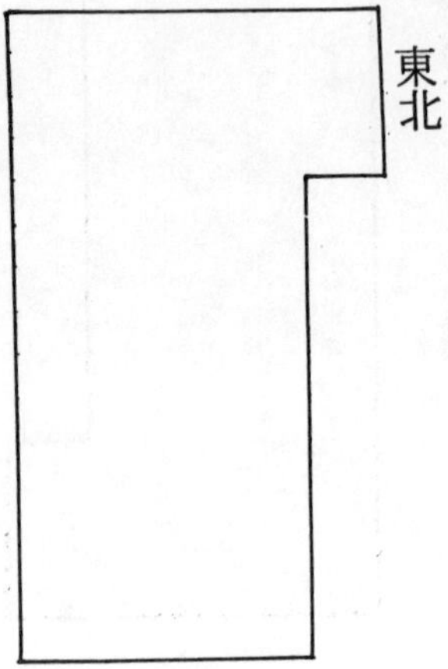

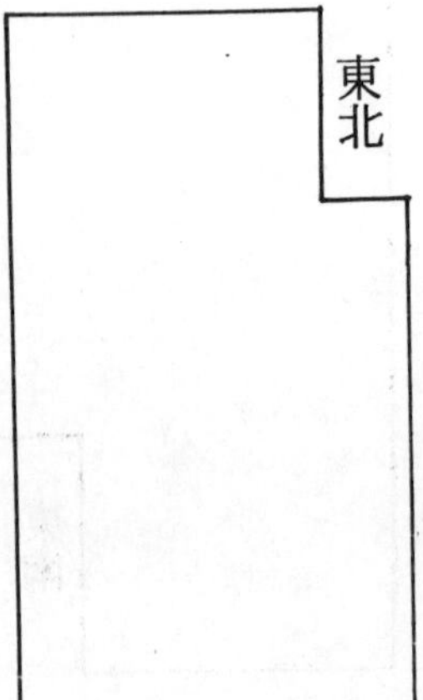

8. 西北方

西北方凸出的房子，是對家長有利的住宅，只要努力，必有收成，腳踏實地，有計劃的執行，可提高社會地位及累積財富。但突出太多，會變成驕傲自大，別人不敢與之接近。

凹缺的時候，會影響家長的聲望和地位。在家亦難以抬頭，怕太太，並有損於健康。

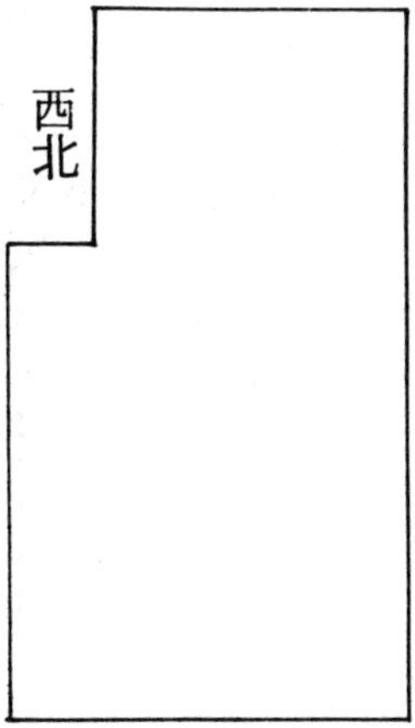

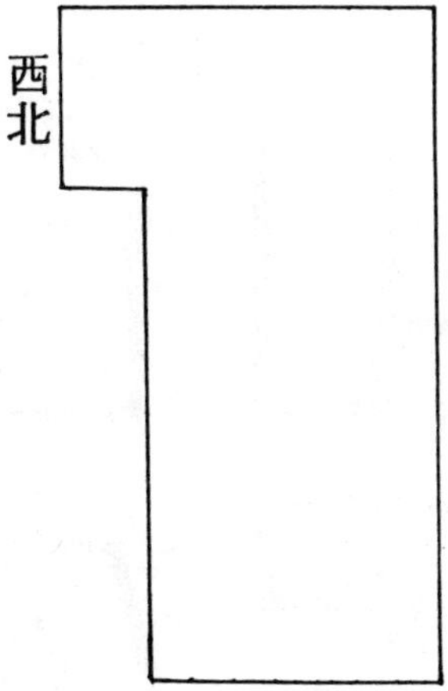

9. 二處以上之缺與突

一幢房子如果兩面都有突與缺，或一面突另一面缺的情形，可以比照凹凸的方位加以綜合判斷。

大體上居住在自己出生方位有突出的房子，可過安詳的生活，反之則不利。住在二處以上有缺陷的房子，其不利的影響凶意會更加強。

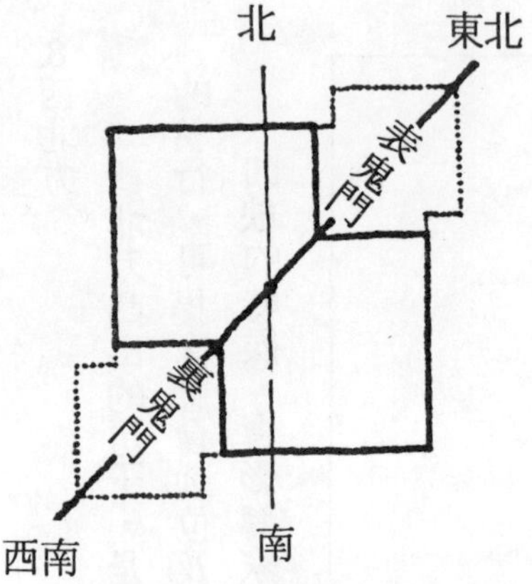

大致言之，家相上「突」是正面的，「缺」是負面的。但若在鬼門方位就變成凶相，務必小心。

居住於在自己的出生星方位有「突」的建築物可以過安詳的生活

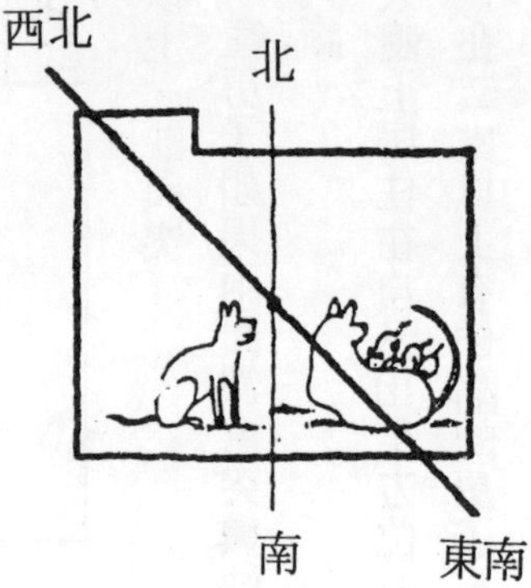

中心不正的房子

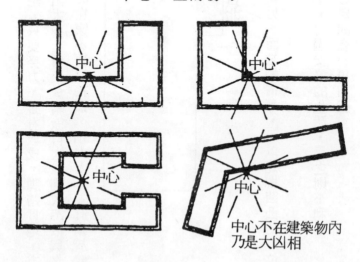

中心不在建築物內乃是大凶相

10.沒有中心點的房屋

沒有中心點或中心不正之房子，是最不吉利的凶宅。住進去不但家人生病或遭意外災禍，甚至家破人亡。

綜合以上評述，房屋之吉凶，千變萬化，難以一一下判斷，就形態而言，凹缺的房子是百弊無一利的，就如人不可能十全十美，房屋亦不例外，讀者如發現自己的房屋，在某方位有凹缺，如能補其缺陷則更好，不能改造時，只要住得平安，就不必太過苛求了，畢竟房屋風水之吉凶並非祇一層次，例如門、主、灶也是很主要的層次。

房子的些許缺陷，以言行修養方面求其平衡，也是趨吉避凶的方法之一。

十二、論地形之吉凶

建築房屋的基地，未必都沒有缺陷，地形形形色色，甚至有十字形、凹凸形、L形、三角形等，在這種土地上蓋房子，很難蓋吉相的房子，所以必然變成凶相了。

原則上以長方形之宅地爲吉相，而以六比四之比例爲佳，南北方長的宅地爲最佳。

何者才算吉地：

1.以地形言，方正、長方形、沒有凹凸及變形不規則的土地爲吉地。

2.沒有怨念、因緣、墳墓等土地。
3.不曾蓋過廟宇、佛寺、神壇等土地。
4.沒有發生過火災的土地。
5.丘陵地以山腹最佳，山下次之。
6.後高前低之宅地，前窄後寬之宅地。
7.北高而南面低。
8.宅地北側有丘陵或高聳建築物。
9.南面開濶的土地。
10.二面道路東南角地最佳。西南角地次之。
11.右長左短之建地。

凶相之土地：

1.建地前高後低。
2.建地低馬路高。
3.左長右短之建地。
4.前有馬路後有河川之建地。

5.有著因緣、怨念、墳墓的土地。

6.曾經是廟宇、佛堂、神壇等地。

7.曾發生過火災之地。

8.北方開濶，南、東南較高的土地。

9.四面馬路包圍的小宅地（二百坪以下）。

10.三角形之土地最凶。

（台北市美術館北邊一棟洋房，地形成三角，低於兩邊馬路約二公尺，前向角地，後靠河川，可作爲參考。）

凶相之土地靠綠相彌補其缺陷。

三角形的宅地

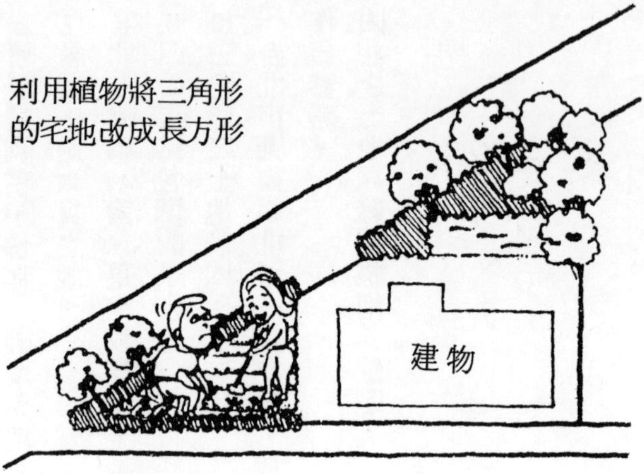

利用植物將三角形
的宅地改成長方形
建物

如何使用被道路圍繞的土地

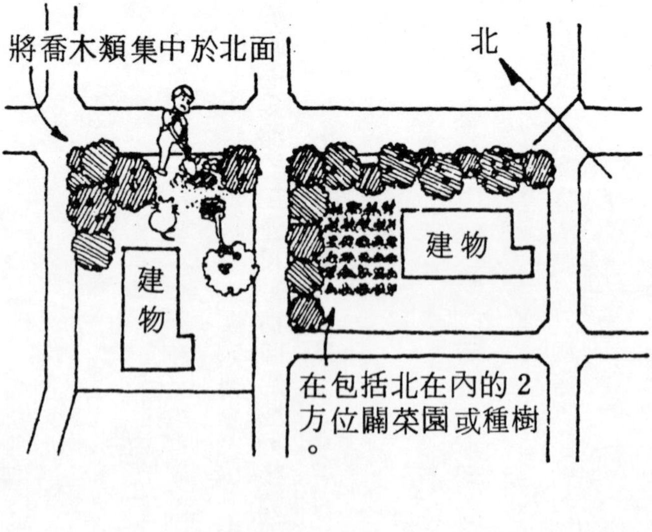

將喬木類集中於北面
北
建物
建物
在包括北在內的2
方位闢菜園或種樹
。

第七章　安神龕的方位與方向

信仰佛教或道教的家庭，都設有神龕，或祖先牌位。安神位，就有香爐，一般家庭每天早晚燒香，也有逢初一、十五才燒香的家庭，神龕又要點蠟燭，因此通風要良好，火燭亦要小心。

安神位最好的方向是向東，或向西，其次是向南，或東南、西北。以家長吉利（四吉方）的方位及方向安置神龕，也就是所謂「安本命之吉方得福」之原則。

神位安置後不要隨意移動或變更方位或方向，香爐也是如此，以保持神龕的崇高性與家庭的安定。

香爐之香灰得適時清除，但不隨意移動香爐爲宜，神桌須經常以乾淨之專用抹布抹乾淨，不時保持神龕之整潔，以示對神、佛的崇敬。

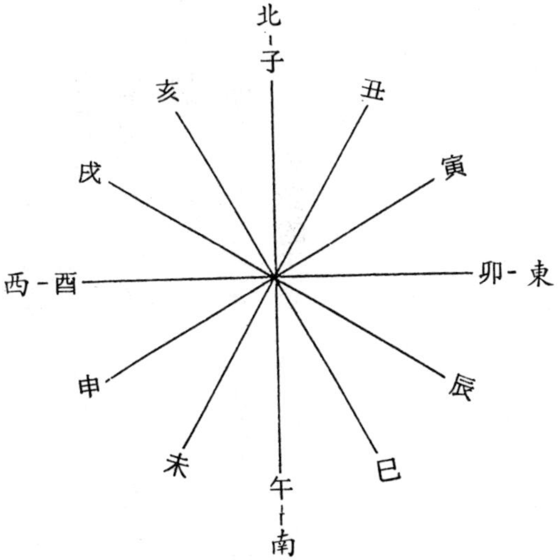

搬家與遷入新居安置神位，絕對不可面對當年太歲的方向，以免發生不利的影響。如果當年預定安神位的方位及方向不合時，先作暫時的安置，待明年再擇吉日調整轉移。

所謂太歲的方向，就是以十二地支子、丑、寅、卯、辰、巳、午、未、申、酉、戌、亥爲周期循環輪值的方向。

如民國八十年爲辛未年，太歲的方向爲南西南，所以安神位切忌坐北東北（丑）向南西南（未）。這就是所謂的丑未正沖，以下類推。

第八章　辦公室之方位與坐向

現代辦公大樓之出入口、大門、電梯等不祇一個，辦公人員也少則十幾人，多則數百人，因此辦公室的位置與辦公桌之坐向亦無法一一依各人的命卦朝最有利的方向。

辦公室與陽宅以家長的命卦來決定其方位與方向一樣，應以主管人員之命卦來決定辦公室之配置與辦公桌的朝向。所謂主管人員是指公司組織之董事長、總經理，以及從事生產事業的工廠廠長。

公司如果設有副主管，也就是副董事長、副總經理或副廠長等，也應將其辦公室考慮在內。畢竟副主管係協助主管推展業務的主力，因此應彼此之命卦有所配合。

㈠主管辦公室

主管人員之辦公室應設在各主管人員命卦之四吉方。卽東四命人爲該辦公大樓之東方、北方、東北與西北方四陽方。西四命人爲該辦公大樓之西方、西北方、西南方與南方四陰方。

讀者也許會西北方不是東四命人之吉方，南方亦不是西四命人之吉方而可作其辦公室？因爲東四命人屬陽，西四命人屬陰，根據陰陽之道理，陽命人宜陽方，陰命人宜陰方。

㈡副主管辦公室

根據陰陽之道理，主管屬陽，副主管屬陰，又副主管係主管之副手，因此其辦公室應以主管之辦公室爲中心，所以他們的辦公室，應作以下之安排。

東四命人：設在其主管之陽方，卽東方、東北方、北方及西北方位。

西四命人：設在其主管之陰方，卽西方、西南方、西北方及南方位。

以上的配合，能使主管與副主管，彼此之磁向能配合，更能合作無間，相得益彰，有利業務推廣。

㈢辦公桌的方向

正副主管都一樣，應該朝自己有利的方向，卽生氣之方向。如果不可能，也應該朝第二或第三的有利方向，決不可朝面對自己不利的方向。

辦公桌的後面宜有高大的建物或靠山，而不宜背水或低地，辦公桌不可與辦公室的門成直線，所謂直冲爲凶也。

職員的辦公室無法配合各人有利的方位，而且大部分係同室辦公，因此如考慮辦公桌之方位作有利之調整以彌補其不足亦爲一個好的方法。

職員亦係衝鋒陷陣之前鋒，以其積極對外擴展的生氣方向爲最佳。

㈣個人電腦之位置

現代辦公室少不了電腦，而且整天與電腦爲伍。電腦通過電流產生磁場，放出大量之磁波及放射線，這些磁波與放射線對人體之影響至爲巨大，因此必須放置於使用者之好方，亦卽四吉方。

企業體係以獲利爲目的，故必須放置於使用者之「生氣」方向，次爲天醫，再次爲延年、伏位之方向。當然使用順手方便亦爲考量之要點。

第九章　九星飛宮與吉凶

一、九星之來源

所謂九星是洛書大數，設一物一天地，每一天地（太極）均有固定的九個方位（含中央），給予九個星名稱之，亦卽除中央之外，其他八方位就是八卦之方位。

一個地球有其中心點，一個地方、一個物體、一幢房屋，均自成形時卽有其中心點，再由中心點向四面八方延伸成爲八個方位。

此九個方位之名稱不一，基本不變。其關係如下表。

學說	名稱								
八卦	中心	乾	兌	離	震	巽	坎	艮	乾
地理	中央	西北	西	南	東	東南	北	東北	西南
九星	五黃	六白	七赤	九紫	三碧	四綠	一白	八白	二黑

洛書大數
縱橫十五對宮合十圖

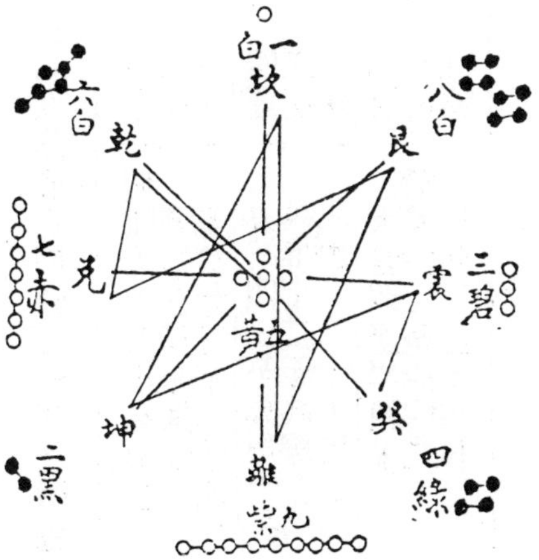

前表係依八卦順序排。若依地理及八卦方位排列則如上圖。

本章係論九星之吉凶，以上之圖表係每個固定地方、物體、房屋成形俱來之先天不變基數。

而九星係後天流行之氣，依年、月、日、時不斷地循環移動，但其移動方向與順序則始終不變，其順序如下：

八卦

九星

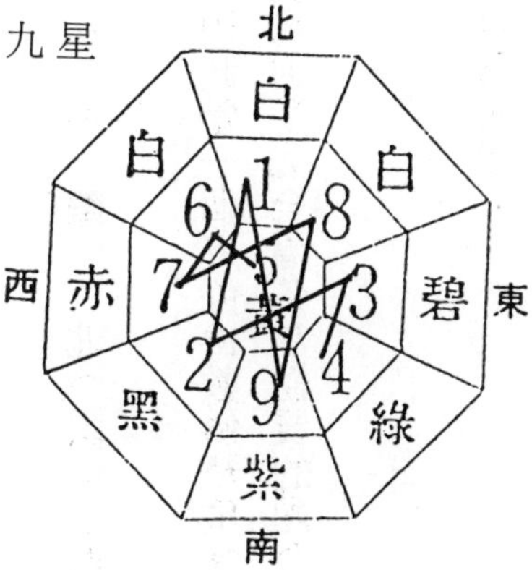

中心↓西北（乾）↓西（兌）↓東北（艮）↓南（離）↓北（坎）↓西南（坤）↓東（震）↓東南（巽）。如上頁圖示。

如前述，九星係依年、月、日、時移動。因此當一個方位由數個飛星飛到同一宮時，即會產生各種不同的變化，變吉或是變凶？吉凶程度爲何？完全看各星性質的配合而定。

二、流年、流月値星表

茲將値年、値月、値日、値時入中宮之天星列表如下：

表1　三元九運最近期分元分運之明細表

上元	一運	明弘治十七至嘉靖二	康熙廿三至康熙四二	同治三至光緒九
	二運	嘉靖三至嘉靖廿二	康熙四三至雍正元	光緒十至光緒廿九
	三運	嘉靖廿三至嘉靖四二	雍正二至乾隆八	光緒三十至民國十二
中元	四運	嘉靖四三至萬歷十一	乾隆九至乾隆廿八	民國十三至三十二
	五運	萬歷十二至萬歷三一	乾隆廿九至乾隆四八	民國三十三至五十二
	六運	萬歷三二至天啓三	乾隆四九至嘉慶八	民國五十三至七十二
下元	七運	天啓四至崇禎末	嘉慶九至道光三	民國七十三至九十二
	八運	清順治元至康熙二	道光四至道光廿三	民國九十三至百十二
	九運	康熙三至康熙廿二	道光廿四至同治二	民國百十三至百三十二

表2 三元九運值年九星一覽表『即每年入中宮之值年主要天星』

								上元	中元	下元
甲子	癸酉	壬午	辛卯	庚子	己酉	戊午		一白	四綠	七赤
乙丑	甲戌	癸未	壬辰	辛丑	庚戌	己未		九紫	三碧	六白
丙寅	乙亥	甲申	癸巳	壬寅	辛亥	庚申		八白	二黑	五黃
丁卯	丙子	乙酉	甲午	癸卯	壬子	辛酉		七赤	一白	四綠
戊辰	丁丑	丙戌	乙未	甲辰	癸丑	壬戌		六白	九紫	三碧
己巳	戊寅	丁亥	丙申	乙巳	甲寅	癸亥		五黃	八白	二黑
庚午	己卯	戊子	丁酉	丙午	乙卯			四綠	七赤	一白
辛未	庚辰	己丑	戊戌	丁未	丙辰			三碧	六白	九紫
壬申	辛巳	庚寅	己亥	戊申	丁巳			二黑	五黃	八白

表三　全年十二月值月九星一覽表『即每年每月入中宮之值月天星』

	子午卯酉年	辰戌丑未年	寅申巳亥年
正月	八白	五黃	二黑
二月	七赤	四綠	一白
三月	六白	三碧	九紫
四月	五黃	二黑	八白
五月	四綠	一白	七赤
六月	三碧	九紫	六白
七月	二黑	八白	五黃
八月	一白	七赤	四綠
九月	九紫	六白	三碧
十月	八白	五黃	二黑
十一月	七赤	四綠	一白
十二月	六白	三碧	九紫

表四　全年十二月六十花甲值日天星表

	甲子乙丑丙寅	丁卯戊辰己巳	庚午辛未壬申	癸酉甲戌乙亥	丙子丁丑戊寅
冬至至立春節末日	一白二黑三碧	四綠五黃六白	七赤八白九紫	一白二黑三碧	四綠五黃六白
雨水至清明節末日	七赤八白九紫	一白二黑三碧	四綠五黃六白	七赤八白九紫	一白二黑三碧
穀雨至芒種節末日	四綠五黃六白	七赤八白九紫	一白二黑三碧	四綠五黃六白	七赤八白九紫
夏至至立秋節末日	九紫八白七赤	六白五黃四綠	三碧二黑一白	九紫八白七赤	六白五黃四綠
處暑至寒露節末日	三碧二黑一白	九紫八白七赤	六白五黃四綠	三碧二黑一白	九紫八白七赤
霜降至大雪節末日	六白五黃四綠	三碧二黑一白	九紫八白七赤	六白五黃四綠	三碧二黑一白

表四　全年十二月六十花甲值日天星表

	己卯 庚辰 辛巳	壬午 癸未 甲申	乙酉 丙戌 丁亥	戊子 己丑 庚寅	辛卯 壬辰 癸巳
冬至至立春節末日	七赤 八白 九紫	一白 二黑 三碧	四綠 五黃 六白	七赤 八白 九紫	一白 二黑 三碧
雨水至清明節末日	四綠 五黃 六白	七赤 八白 九紫	一白 二黑 三碧	四綠 五黃 六白	七赤 八白 九紫
穀雨至芒種節末日	一白 二黑 三碧	四綠 五黃 六白	七赤 八白 九紫	一白 二黑 三碧	四綠 五黃 六白
夏至至立秋節末日	三碧 二黑 一白	九紫 八白 七赤	六白 五黃 四綠	三碧 二黑 一白	九紫 八白 七赤
處暑至寒露節末日	六白 五黃 四綠	三碧 二黑 一白	九紫 八白 七赤	六白 五黃 四綠	三碧 二黑 一白
霜降至大雪節末日	九紫 八白 七赤	六白 五黃 四綠	三碧 二黑 一白	九紫 八白 七赤	六白 五黃 四綠

表四 全年十二月六十花甲值日天星表

	甲午乙未丙申	丁酉戊戌己亥	庚子辛丑壬寅	癸卯甲辰乙巳	丙午丁未戊申
冬至至立春節末日	四綠 五黃 六白	七赤 八白 九紫	一白 二黑 三碧	四綠 五黃 六白	七赤 八白 九紫
雨水至清明節末日	一白 二黑 三碧	四綠 五黃 六白	七赤 八白 九紫	一白 二黑 三碧	四綠 五黃 六白
穀雨至芒種節末日	七赤 八白 九紫	一白 二黑 三碧	四綠 五黃 六白	七赤 八白 九紫	一白 二黑 三碧
夏至至立秋節末日	六白 五黃 四綠	三碧 二黑 一白	九紫 八白 七赤	六白 五黃 四綠	三碧 二黑 一白
處暑至寒露節末日	九紫 八白 七赤	六白 五黃 四綠	三碧 二黑 一白	九紫 八白 七赤	六白 五黃 四綠
霜降至大雪節末日	三碧 二黑 一白	九紫 八白 七赤	六白 五黃 四綠	三碧 二黑 一白	九紫 八白 七赤

表四　全年十二月六十花甲值日天星表

	己酉 庚戌 辛亥	壬子 癸丑 甲寅	乙卯 丙辰 丁巳	戊午 己未 庚申	辛酉 壬戌 癸亥
冬至至立春節末日	一白 二黑 三碧	四綠 五黃 六白	七赤 八白 九紫	一白 二黑 三碧	四綠 五黃 六白
雨水至清明節末日	七赤 八白 九紫	一白 二黑 三碧	四綠 五黃 六白	七赤 八白 九紫	一白 二黑 三碧
穀雨至芒種節末日	四綠 五黃 六白	七赤 八白 九紫	一白 二黑 三碧	四綠 五黃 六白	七赤 八白 九紫
夏至至立秋節末日	九紫 八白 七赤	六白 五黃 四綠	三碧 二黑 一白	九紫 八白 七赤	六白 五黃 四綠
處暑至寒露節末日	三碧 二黑 一白	九紫 八白 七赤	六白 五黃 四綠	三碧 二黑 一白	九紫 八白 七赤
霜降至大雪節末日	六白 五黃 四綠	三碧 二黑 一白	九紫 八白 七赤	六白 五黃 四綠	三碧 二黑 一白

表五　冬至夏至後值時天星表

子午卯酉日	冬至後	子一	丑二	寅三	卯四	辰五	巳六	午七	未八	申九	酉一	戌二	亥三
	夏至後	子九	丑八	寅七	卯六	辰五	巳四	午三	未二	申一	酉九	戌八	亥七
辰戌丑未日	冬至後	子七	丑八	寅九	卯一	辰二	巳三	午四	未五	申六	酉七	戌八	亥九
	夏至後	子三	丑二	寅一	卯九	辰八	巳七	午六	未五	申四	酉三	戌二	亥一
寅申巳亥日	冬至後	子四	丑五	寅六	卯七	辰八	巳九	午一	未二	申三	酉四	戌五	亥六
	夏至後	子六	丑五	寅四	卯三	辰二	巳一	午九	未八	申七	酉六	戌五	亥四

三、九星移動定律

九星之移動順序不變已如上述，因此各星飛入中宮之變化，可列出其定律如下頁表。

依洛書以門位對角方位之數目代入中宮之九星飛宮，表列如下，以圖表示，如圖一～九。

查年之飛星

依上列數表及圖例可以查出某年爲飛星入何宮。

例如：查民國八十年之飛星。

移動順序	宮位	方位	飛星	飛星	飛星	飛星	飛星	飛星	飛星	飛星	飛星
1	中宮	中宮	1	2	3	4	5	6	7	8	9
2	乾	西北	2	3	4	5	6	7	8	9	1
3	兌	西	3	4	5	6	7	8	9	1	2
4	艮	東北	4	5	6	7	8	9	1	2	3
5	離	南	5	6	7	8	9	1	2	3	4
6	坎	北	6	7	8	9	1	2	3	4	5
7	坤	西南	7	8	9	1	2	3	4	5	6
8	震	東	8	9	1	2	3	4	5	6	7
9	巽	東南	9	1	2	3	4	5	6	7	8

(一)

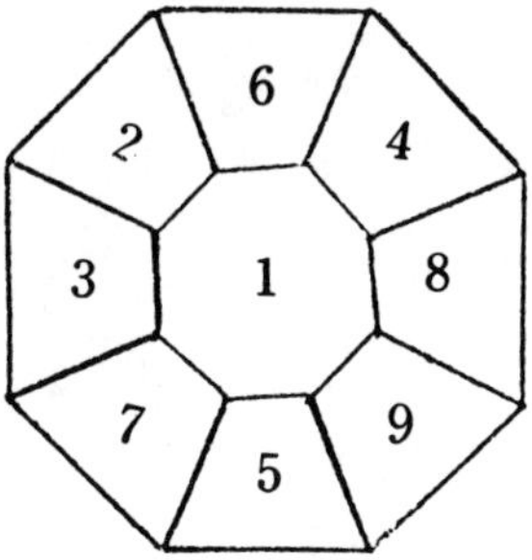
6
2 4
3 1 8
7 9
5

(二)

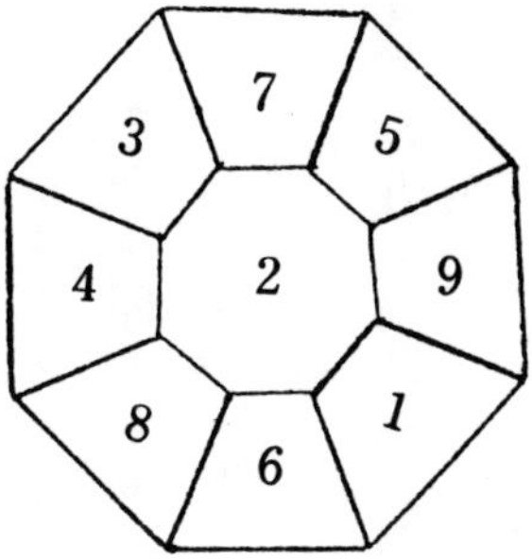
7
3 5
4 2 9
8 1
6

(三)

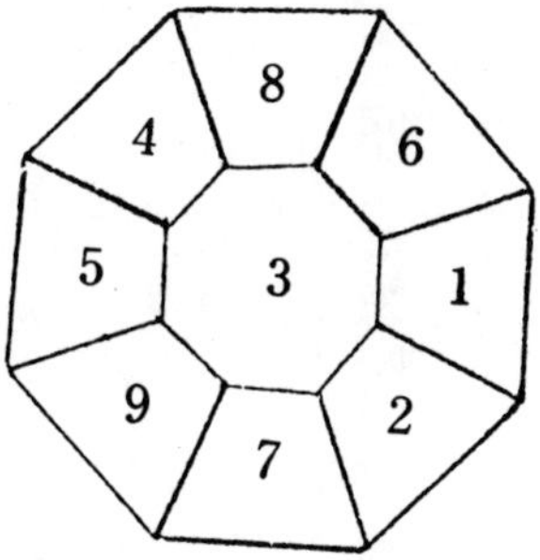
8
4 6
5 3 1
9 2
7

(四)

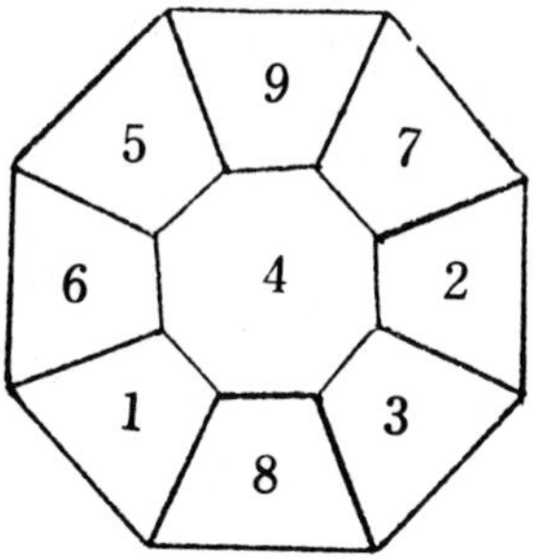
9
5 7
6 4 2
1 3
8

(五)

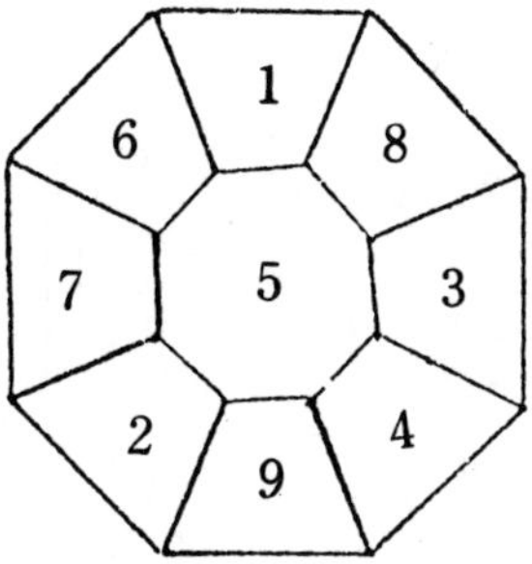
1
6 8
7 5 3
2 4
9

(六)

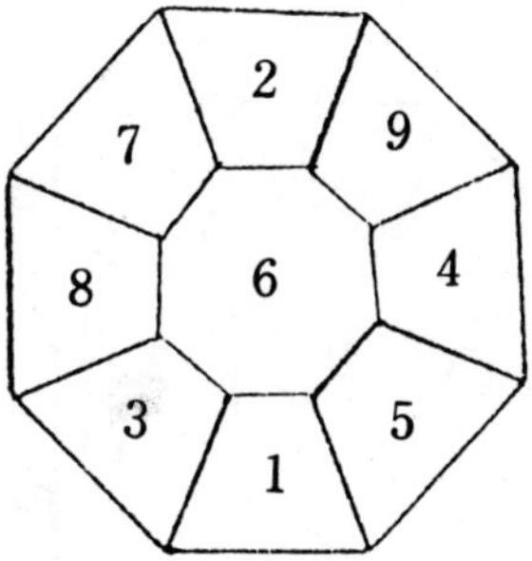
2
7 9
8 6 4
3 5
1

(七)

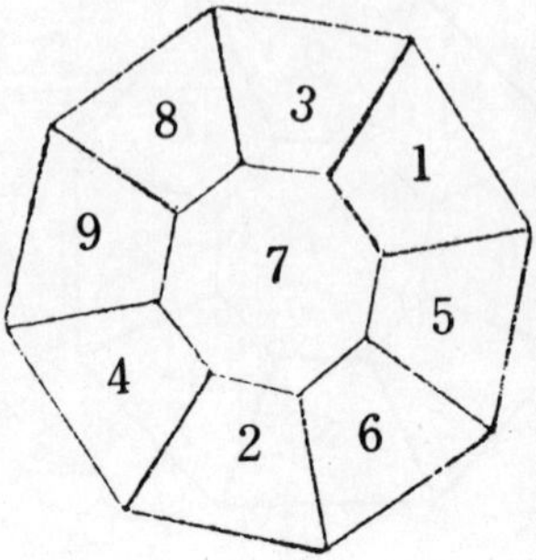

(八)

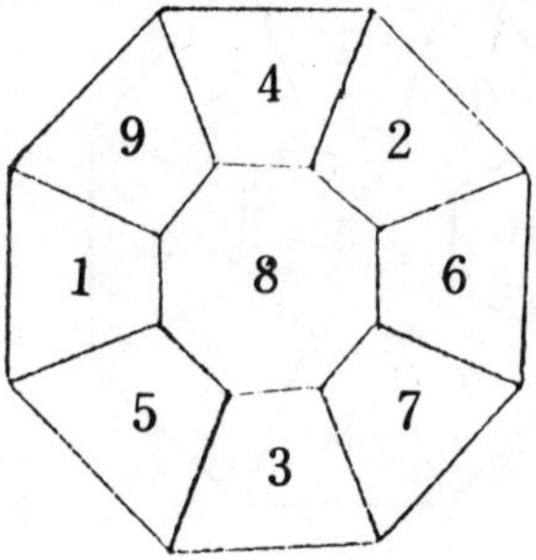

(九)

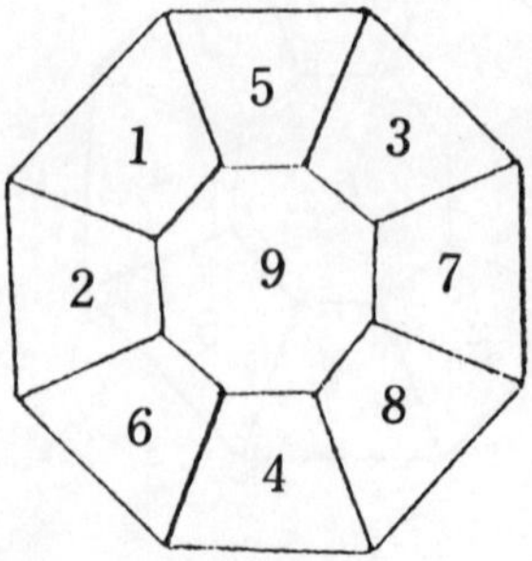

先查年卦，為離，卽九紫入中宮，後依序各星飛入各宮，如上圖。（由表2亦可查出，八十年為辛未年，三元為下元七運，故為九紫）

再與圖(九)對照，卽知無誤。

1	5	3
2	9	7
6	4	8

查月之飛星

例如：查八十年七月之飛星：

9	4	2
1	8	6
5	3	7

查表3值月九星為八白，飛入各宮後如上圖。再與圖(八)對照，卽知無誤。

查日之飛星

例如：查八十年七月七日

8	3	1
9	7	5
4	2	6

查表4之值日飛星，七日爲處暑後癸亥日，查知爲七赤，飛入各宮後，如上圖。

再與圖(七)對照即知無誤。

查時之飛星

例如：查八十年七月七日巳時（九至十一點）

2	6	4
3	1	8
7	5	9

查表5之值時飛星，七日爲夏至後癸亥日，查知爲一白，飛入各宮後，如上圖。

再與圖(一)對照即知無誤。

四、房屋中宮飛星之代入

中宮飛星之數有兩說：

1. 坐山所在方位之數代入中宮——因以前大門設於房宅前面正中央，房宅坐山之方位正巧爲大門之對角。

例如：坐山爲子時，爲坎卦，坎爲一白，故以一白代入中宮，代入後飛星如㈠所示。

2.房宅大門（正門。卽私有範圍內）之對角方位之數代入中宮。因現代建築大門變化多端，故以私有範圍之正門之對角方位之數代入中宮，較爲正確。

例如：正門方位爲巽時，爲巽卦，對角爲乾卦，乾爲六白，故以六白代入中宮。代入後飛星如㈡所示。

㈠

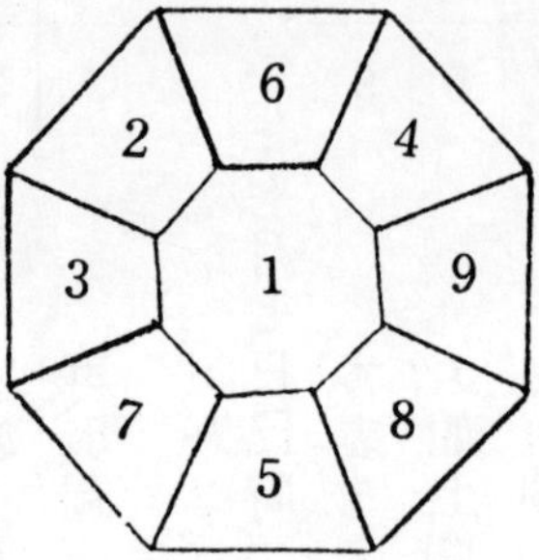

㈡

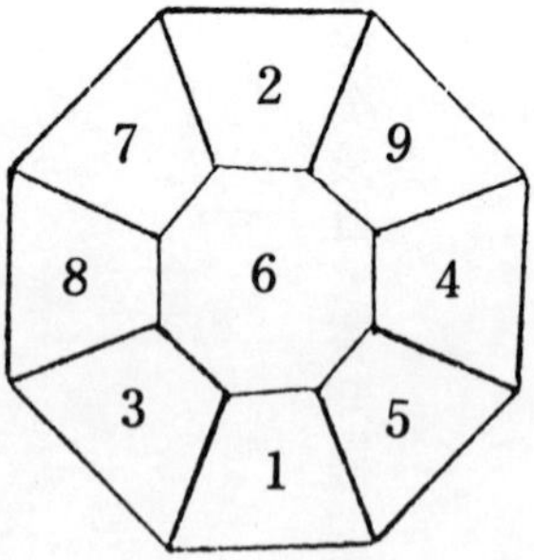

以上兩例係一切房屋之基本飛星圖，是固定的，除非房屋改造或正門方位改變，始隨之而改變。

現代陽宅中宮飛星均採㈡之代入法，本書所討論之飛星亦依㈡之代入法。

五、本宮飛星與流年、流月等飛星之關係

九星係依一定順序與方向，及因年、月、日、時之流轉而不斷的循環移動，已如前述。

房宅九宮飛星與流年、月之飛星會合時，會產生各種不同的變化和大小程度之影響。大體上流年飛星之影響力大，流月次之，流日、流時之飛星順序遞減。但流年、流月之飛星同到一宮時，其力量更大。

㈠

7	2	9
8	6	4
3	1	5

㈡

1	5	3
2	9	7
6	4	8

㈢

1	5	3
2	9	7
6	4	8

例如：本宮飛星爲圖㈠，八十年之年飛星如圖㈡，八十年九月之月飛星如圖㈢。

㈠圖二、三年、月飛星完全重合，故其作用力量最大，如果日、時又重合則更甚。

㈡本宮離方爲1，年卦離方爲4，月卦爲4，古有一、四同宮「利於科甲」之稱，若本年度有人要參加考試，其房間及書房應設在離（卽南）方，則易通過考試。

六、流年、月飛星與本宮飛星會合時的作用

對飛星之會合，陽宅書籍有各種說法，摘錄如下：

1. 一、四同宮：利於科甲，準備考試容易通過。故唸書應在一、四會合之方位較易上榜。
2. 一、九同宮：床位安於此方位時，人緣極佳。
3. 一、六同宮：能創造新的構想。催官星可任官。
4. 二、五同宮：床位安於此方位時，容易生病。
5. 二、七同宮：是非多。先天之火，易引起火災。
6. 二、三同宮：厄運、官非。
7. 三、三同宮：厄運。
8. 三、七同宮：厄運。
9. 四、六同宮：容易經商致富。
10. 六、七同宮：厄運、盜竊。
11. 六、九同宮：雖然賺錢不多，但頗負名望。
12. 七、七同宮：厄運。

13.七、九同宮：易使人受傷。後天之火，易引起火災。

九星中，1、6、8、9爲吉星，4爲文昌星，1爲魁星，2爲病符。

所謂一、四或二、五並非前者爲本宮星，後者爲飛星，無論何星有上列會合時即會產生如前述之情形。大體上會合時兩星之合數爲五、十、十五時爲吉，其他爲凶。

七、本宮與飛星會合圖例

A

7	2	9
8	6	4
3	1	5

本宮天星

B

1	5	3
2	9	7
6	4	8

流年星（九紫入中宮）

C

2	6	4
3	1	8
7	5	9

本宮天星

D

4	8	6
5	3	1
9	7	2

流年星（三碧入中宮）

E

6	1	8
7	5	3
2	9	4

1.設若大（正）門方位在東南，則對角爲西北，西北爲乾卦，九星爲六白。代入中宮如圖A。民國八十年飛星爲如圖B。本宮與流年飛星在南（離）方位會合爲一、四同宮，因此準備考試者在此方位唸書容易上榜。

2.若大門在南（離）方位，對角爲北（坎），九星爲一白。代入中宮如圖C。

厨灶若設在西南方（坤方），民國八十六年飛星爲圖D。本宮及流年星在西南（坤）方位會合爲七、九同宮，而剛好又是厨灶之方位，那麼這年要特別小心火燭。

但是在八十六年哪月、哪天最重要呢？說明如下：

八十六年一月及十月飛星（查表3）爲五黃入中宮。在坤方飛星二與本宮天星七會合爲二、七同宮是先天之火，而年之飛星爲二、九後天之火，兩火重疊，災殃將至，最須注意。

八十六年三月及十二月飛星（查表3）爲三碧入中宮，流年相同，如圖E。在坤方本宮天星七，與年、月九重合，爲二、九後天之火，亦主災殃。

綜合該年一、十及三、十二月之圖例，可知該年度有三分之一之月份在火災危險期內，可見其重要性。

假使日與時之火星又重貼時，也許該時爲發生火災之時，讀者可從表5中找到重要的時刻。

第十章　遷新居選好日好時

有好的命再選上吉利的房屋，會有錦上添花的好運。不過如果遷入新居沒有選好日好時，仍會有意想不到之阻滯或帶來厄運，甚至破財、患病等。但其不好的應驗與房屋一樣，要到某年某月才會發生，而不是早上遷入晚上或近日卽會有所應驗。

一般人要做某事或遷居等，翻開黃曆，隨便看看宜某某事卽以吉日作事，甚至星期日卽是好日的想法是不對的，而且是不吉利的作法。

撇開日子的好壞，是否會帶來吉利或厄運不談，僅就選個好日子，討個吉利，既不損失又能心安，有何不好。

選好日子之要件如下：

1. 依主事者（家長）之生辰，排出八字，其四柱應與年月日時不相冲、不相剋者爲最好的日子，但仍以宜遷徙之日爲要件。

比較簡單之方法，僅以主事者之出生年與日、時相生或相合者卽可，因月與年的影響較小。日生我爲最佳，比我者次之，我剋者又次之。時則取吉時，不冲我、不剋我卽可。

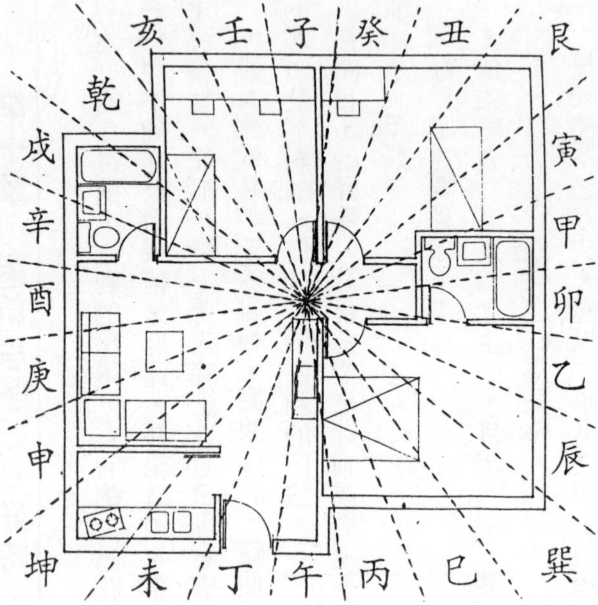

例如：民國八十年辛未年正月十二日，黃曆上寫宜嫁娶、訂婚、祭祀、開光、出行、動土、入宅、移徙等等，看起來是個大好的日子，但是該日甲子爲「丁卯」，如果出生年爲辛酉年（民國十年及民國七十年）出生之人則斷不可用，卽日剋我沖我，所謂天剋地沖之日，用者災厄不能免。其餘類推。其他酉年出生之人亦宜避之，因日沖我亦不宜。

2.房屋之坐向

如果入宅或遷徙之日子與房屋之坐向，有犯沖者亦不能用，犯三煞之日更忌，斷不能用。房屋坐山爲坎山（卽子山），民國七十九年農曆十月九日爲甲午日，黃曆上註宜入宅、移徙，惟坐山爲子之房屋不宜採用，其餘類推。

3.其他

新建房屋之動土、開工、上樑要選好日，至於拆卸、修造、安灶、安床都要選好日、好時。選日時仍照移徙之方法，與主事人生辰不冲、不剋之吉日良時爲要件。

一般人甚至報章雜誌都把動土稱破土，這種誤稱不但被人貽笑，亦對主人大不敬，因爲破土乃係人死要埋葬時，開掘墳墓之典禮稱爲破土典禮。新建房屋要開工挖土稱爲動土典禮，兩者完全不同，不可混淆，以免失禮。

第十一章　電化製品的位置

現代家庭家家戶戶都使用電化製品，例如電視機、個人電腦、音響設備、電爐、微波電子爐、電鍋、冰箱、電話、冷氣機等，不勝枚擧，因這些電氣用品在使用時，通過電流產生磁場，放出大量的磁波，這些磁波，對人體的影響，小的如視力，大則思考力的強弱，均與其所佔的空間有關。其中尤以電視機所在的位置，影響最爲明顯，個人電腦之位置亦應優先考慮，因爲使用時間長。

電腦、電視機應置於好方，所謂好方係以房宅的中心點爲基準，八個方位中之四吉方。

東四命人爲：東方、東南方、北方或南方。

西四命人爲：西方、西南方、西北方或東北方。

最忌置於與人之命卦產生破壞性作用的六煞（文曲）位上，易產生各種眼睛疾患，孩童則易罹患近視。

其他電化製品如冷氣機、音響設備、電話、冰箱、電爐、微波電子爐等，除要置於方便使用的位置之外，應置於房宅的旺方或財方。旺方及財方參看第十二章。

若上述製品為一個人單獨使用時，則置於個人命卦之好方即可。

人之命卦與最忌之電視機方位

命卦	最忌之方位
坎	西北
坤	南
震	東北
巽	西
乾	北
兌	東南
艮	東
離	西南

第十二章 旺方與財方

門位、門向、主臥房方位、床向、灶向等，需在主事者的四吉方外，尚有旺方與財方。

如果四吉方又與旺方或財方重合時最好，若不能重合時，則取其一方上。

㈠旺方

係九星飛宮法則，以房宅正門對角之方位值代入中宮後，四周八方之數所表示之卦的五行爲生中宮或與中宮卦之五行相同時稱爲旺方。

五行相生：金生水、水生木、木生火、火生土、土生金。

㈡財方

中宮卦之五行所剋制之五行所在方位，稱爲財方。

五行相剋：金剋木、木剋土、土剋水、水剋火、火剋金。

神位需安置於房宅的旺方或財方及主事者之吉方上。

水龍頭的位置，原則上與神位相同，惟若好方不能與旺方或財方重合時，需設於旺方或財方上。

魚缸需放置於財方，有水斯有財，置財方可生財。

財方、旺方速查表

門位	北	東北	東	東南	南	西南	西	西北
對角方位	南	西南	西	西北	北	東北	東	東南
對角方位值	9	2	7	6	1	8	3	4
旺方	東南、東北	東	南、西北、東南	北、西、西北	北、西南	西北、東北	東、西北	西南、東南
財方	東、西南	北	西南、北	西南、東	東南	西	北、東南	東、南

門位、旺方、財方之關係

第十三章　各種房屋與命卦之配合範例

本章係本書之總復習，也是幫助讀者對各種型態、各種座山之房屋及門、主、灶、廁等配置適合那一個命卦之人，最適合那一年出生之人等，從基礎到實例判解，讀者可將自己房屋之平面圖繪出來，診斷自宅之吉凶。

本章除有助於判解房屋之配置與命卦之配合外，並依人之需求（如求財、求子、求偶），分門別類列舉房屋之門、主、灶、廁等各項配置，而使配合命卦作最有利的宅相，達到需求之目的，這是改造宅相也是改造人的命運之最佳方法之一，也就是趨吉避凶的方法。

一、判別的步驟：要了解自己最吉利之房屋應依下列步驟：

1.由第二章「東西四命速查表」查出自己命卦。

2.查出命卦後從圖8及圖9找出自己所屬之命宮。

3.自本身命宮即可知道四面八方之吉凶。

如此，就可知道應住那一座向之房屋。

二、房屋內部之設計：仍要依下列幾個原則：

1.要設在吉利方位（四吉方）者：大門、正門、臥房、神位、床位。

2.要向吉利方向（四吉方）者：大門、正門、床向、灶向。

3.要設在不吉利之方位（四凶方）者：灶位、厠浴位。

4.兩者不能兼者取其一，如門位與門向不能兼具吉利方位與吉利方向時應取其一。（取一吉位或一吉向）

5.房間有時佔二個以上方位，且吉凶方位參半時，應取其吉利的方位安置床位，且要朝吉利的方向。

以下各種房宅及室內隔間，各種擺設，僅作爲參考，因房宅並沒有一定的模式能完全符合各人的要求。諸物的方位以正門之方向與爐灶之方向最爲重要，主房、床位與厠浴等，因其所佔面積較大，常跨超二個以上方位，當以佔較大面積者在前，並以說明者爲準則。

三、各種房屋與命卦之配合範例說明

房屋：坐山方向先以八卦方位表示，以利四吉方、四凶方等之對照，再以（）內二十四山之方位表示，以了解更詳細的位置。以房宅主人（家長）之喜忌爲準。

正門：先以八卦方位表示，再以二十四山方位說明於（）。以家長之喜忌爲準。

主房：八卦方位爲主，二十四山爲副，跨越二個以上方位時，依所佔面積之大小，按前後順

序排列。係以當事者之房間而言，非一家之主之房間。如求婚者，卽當以求婚者之房

爲主房。

床位：八卦方位爲主，以當事人床位爲準。

灶：八卦方位爲主，二十四山方位爲副，以當事人之喜忌爲準。

厠浴：八卦方位爲主，以家長喜忌爲準。

電視機：八卦方位爲主，二十四山方位爲副。

冷氣機：八卦方位爲主，二十四山方位爲副。

以適合東、西四命人之喜忌爲準。

男：出生年及命卦係表示最適合本宅擺設之人。

女：出生年及命卦係表示最適合本宅擺設之人。

四、改造宅相須知

改造宅相有能改、不能改；可改、不可改與持久性、暫時性的分別。

㈠能改者：如易移動之床位、灶位、灶向、電視機、冷氣機、桌位及其他電化製品，是能改而且易改，惟不宜常改，因其應驗是周期性的。又如房間、正門、其他門，雖能改但不易改，尤其正門，現代集合住宅，受結構的限制，門位不能改時，可以門向加以調整。

㈡不能改者：如房屋之座向，除非改建否則是不可能改，因此買房屋之前，要考慮房屋之座向，因爲門位與門向亦常常受到座向的限制。

㈢可改者：大體上能改者都可以改，惟要選吉日爲之，否則未沾上吉利，先嘗到惡果。

㈣不可改者：所謂不可改者係因房屋之座山，或人的生辰因素，暫時無適當的吉日，不可動工。又女性懷孕期間，其房間、床位、門、廚、灶、厠、倉等，在一定的時間是不能動的，因此亦不可改。

㈤持久性者：如門、房、厠、廚等固定位置是屬持久性。

㈥暫時性者：如易於搬動之物品，諸如現代家庭使用之瓦斯爐、電化製品等。

五、改造宅相要選好日子

改造宅相必須選吉利的日子，否則沾不上吉利的效益，先嘗到惡果。因爲改造宅相之應驗，於改造後一年才有所作用，且必須到應驗週期才有效應（參看第三章表７）。且又以凶日所帶來的應驗較直接而快速。

選好日子應依以下二個原則：

㈠人的生辰因素

1. 關係全家人時最好配合全家人的生辰，如不可能全部配合，必須選擇家長最吉利之日子。

2.關聯二人時，以二人的生辰爲主，否則取其當事人之生辰。如孕婦應以孕婦之生辰爲最大考慮。

3僅一人爲考量時，以其生辰爲主，惟灶位、灶向，必須考慮主婦和孕婦之生辰。

㈡宅之座山因素

1.冲座山之年或月、日、時不可用，尤以年、日爲重。所謂犯煞是也。如坎山離向（子山午向）之房屋，於午年或午月、午日絕不可用，即不可改八方中佔坎位與離位的位置。

2.其他年、月、日、時亦取吉日且相生或旺日、財日爲之。

六、趨吉避凶改造宅相之範例

1.勤奮致富之方法。

2.求合夥謀利有成。

3.投資獲利之方法。

4.求財得財。

5.經營順遂之方法（辦公室之設計）。

6.容易通過考試之方法。

7.適婚男性求偶。

8. 適婚女性擇偶。
9. 晚婚女性擇偶。
10. 求子容易得子之方法。
11. 求女容易得女之方法。
12. 久病求癒之方法。

為求勤勞節儉有所回報，得以致富，參看以下各種範例。

㈠勤奮致富之方法

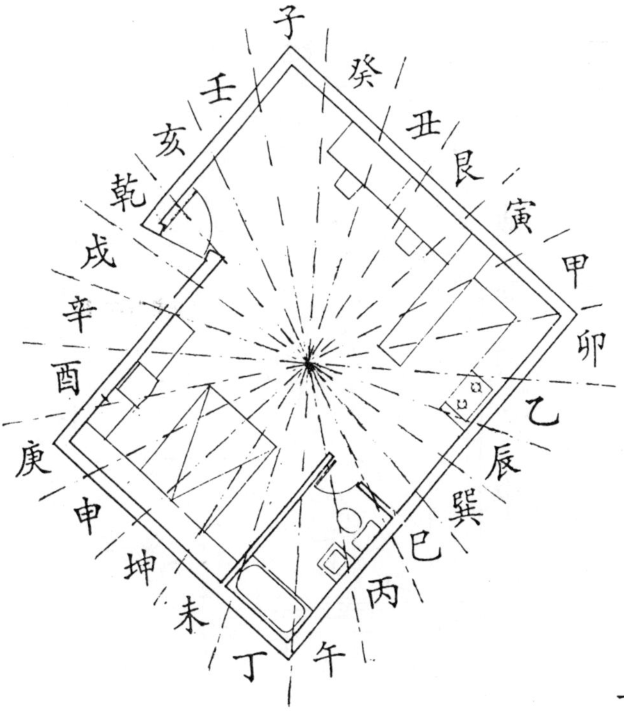

一、房屋——艮山坤向

正門：乾位坤向（乾位未向）。

主房：坤。

床位：坤。

灶：震位乾向（乙位乾向）。

厠浴：離。

電視：兌（酉）。

桌位：艮。

適合：西四命人。

男：民國元年、10年、19年、28年、37年、46年、55年、64年、73年、82年、91年出生之兌卦命人。

女：民國9年、18年、27年、36年、45年、54年、63年、72年、81年、90年出生之兌卦命人。

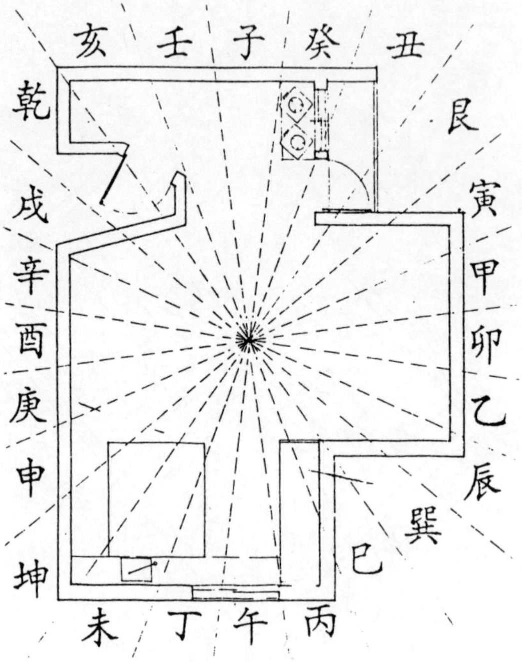

二、房屋——卯山酉向

正門：乾位坤向（亥位未向）。

主房：——

床位：坤、離。

灶：坎位乾向（癸位乾向）。

廁浴：震。

適合：西四命人。

男：民國2年、11年、20年、29年、38年、47年、56年、65年、74年、83年出生之乾卦命人。

女：民國8年、17年、26年、35年、44年、53年、62年、71年、80年、89年出生之乾卦命人。

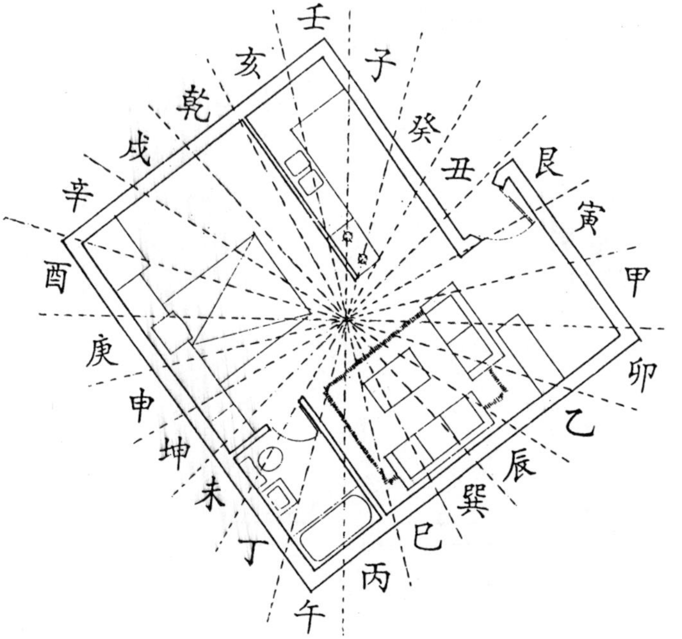

三、房屋——坤山艮向

正門：艮位兌向（艮位辛向）。

主房：乾、兌。

床位：兌。

灶：坎位艮向（癸位艮向）。

廁浴：離。

適合：西四命人。

男：民國3年、6年、12年、15年、21年、24年、30年、33年、39年、42年、48年、51年、57年、60年、66年、69年、75年、78年、84年、87年出生之坤命卦人。

女：民國4年、13年、22年、31年、40年、49年、58年、67年、76年、85年出生之坤命卦人。

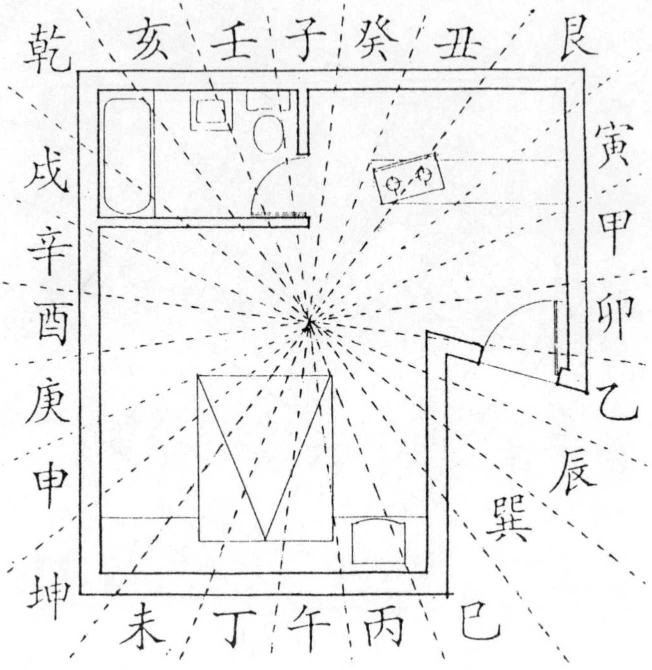

四、房屋——兌山震向（酉山卯向）。

正門：震位離向（乙位丁向）。

主房：離、坤。

床位：離。

灶：艮位坎向（丑位壬向）。

厠浴：乾。

適合：東四命人。

男：民國4年、13年、22年、31年、40年、49年、58年、67年、76年、85年出生之巽卦命人。

女：民國6年、15年、24年、33年、42年、51年、60年、69年、78年、87年出生之巽卦命人。

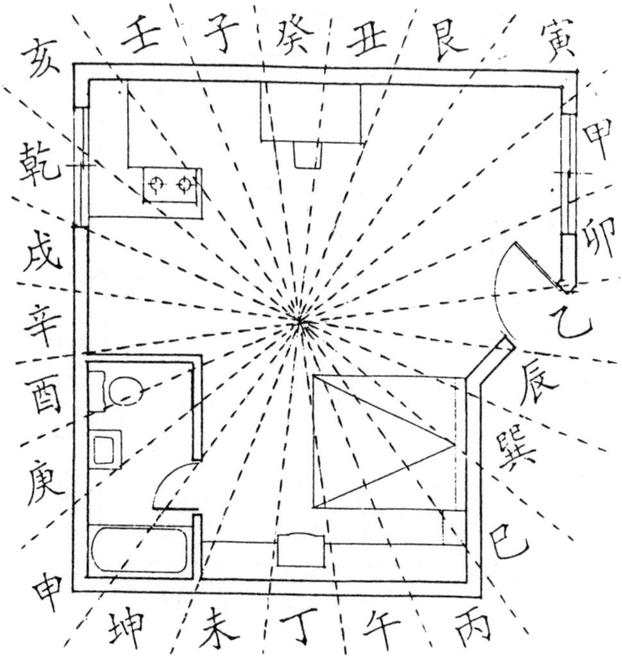

五、房屋——坎山離向（癸山丁向）

正門：震位巽向（乙位巳向）。

主房：——

床位：巽。

灶：乾位坎向（乾位癸向）。

厠浴：兌、坤。

適合：東四命人。

男女相同：民國5年、14年、23年、32年、41年、50年、59年、68年、77年、86年出生之震卦命人。

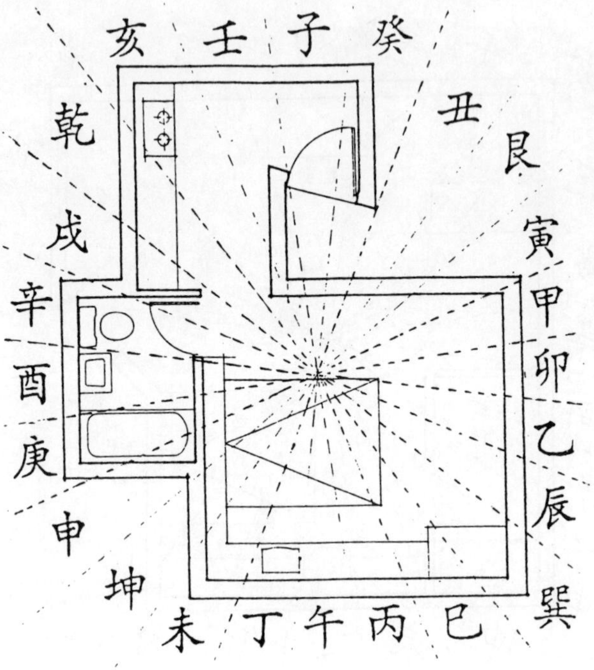

六、房屋——離山坎向（午山子向）。

正門：坎位離向（子位丁向）。

主房：離、巽、震。

床位：離。

灶：乾位震向（亥位卯向）。

厠浴：兌。

適合：東四命人。

男：民國7年、16年、25年、34年、43年、52年、61年、70年、79年、88年出生之坎卦命人。

女：民國3年、12年、21年、30年、39年、48年、57年、66年、75年、84年出生之坎卦命人。

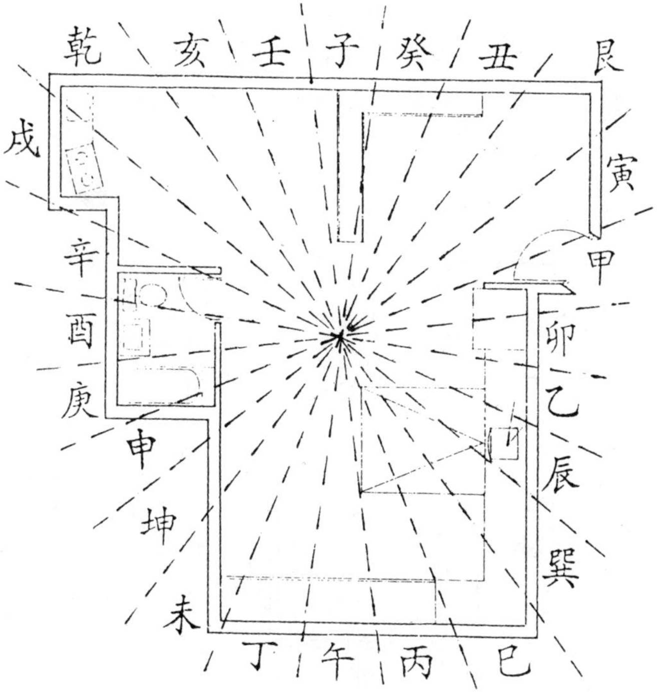

七、房屋——兌山震向（酉山卯向）

正門：震位巽向（甲位辰向）。

主房：巽、離。

床位：巽。

灶：乾位震向（戌位甲向）。

廁浴：兌。

適合：東四命人。

男：民國8年、17年、26年、35年、44年、53年、62年、71年、80年、89年出生之離卦命人。

女：民國2年、11年、20年、29年、38年、47年、56年、65年、74年、83年出生之離卦命人。

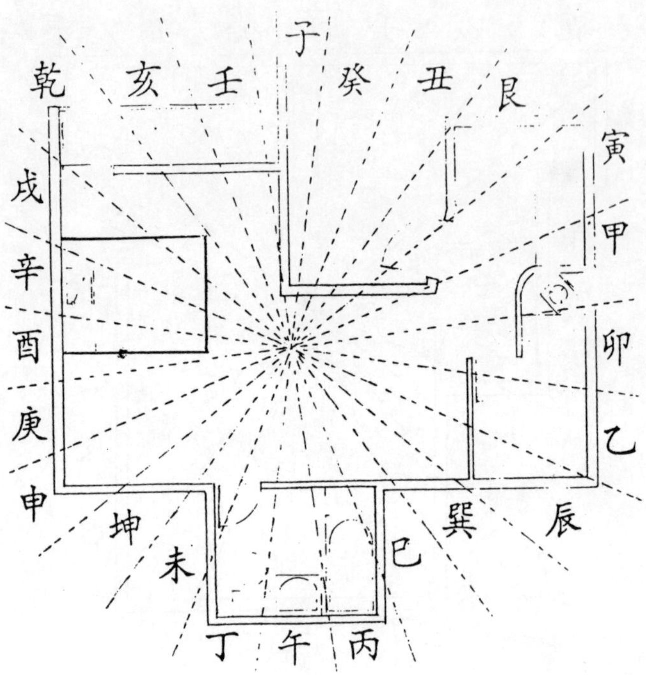

八、房屋——離山坎向（午山子向）。

正門：艮位兌向（寅位辛向）。

主房：兌、坤。

床位：兌。

灶：震位艮向（甲位艮向）。

厠浴：離。

適合：西四命人。

男：民國9年、18年、27年、36年、45年、54年、63年、72年、81年、90年出生之艮卦命人。

女：民國元年、7年、10年、16年、19年、25年、28年、34年、37年、43年、46年、52年、55年、61年、64年、70年、73年、79年、82年、88年出生之艮卦命人。

爲求合夥順利，夥伴和合，經營獲利，參看以下範例。

㈡求合夥謀利有成

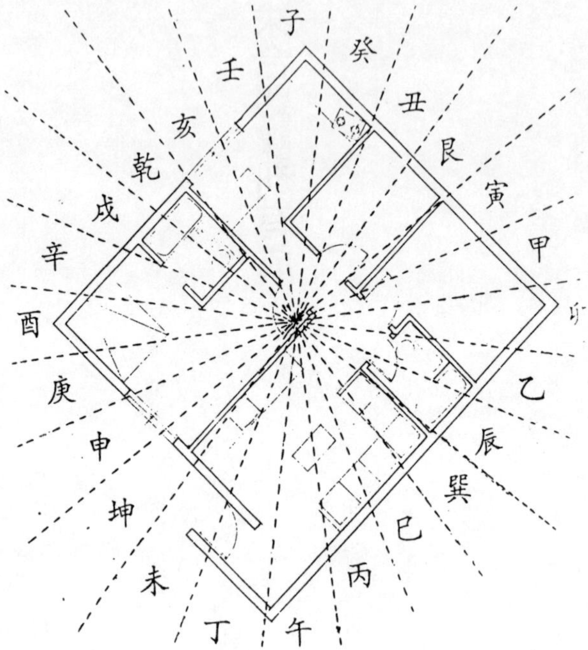

一、房屋——艮山坤向

正門：坤位乾向。

主房：兌、坤、乾（最前一位為佔最大位者，以下同）。

床位：兌。

爐：癸位坤向。

廁：乾及震。

適合：西四命人。

男：民國元年、10年、19年、28年、37年、46年、55年、64年、73年出生之兌卦命人。

女：民國9年、18年、27年、36年、45年、54年、63年、72年出生之兌卦命人。

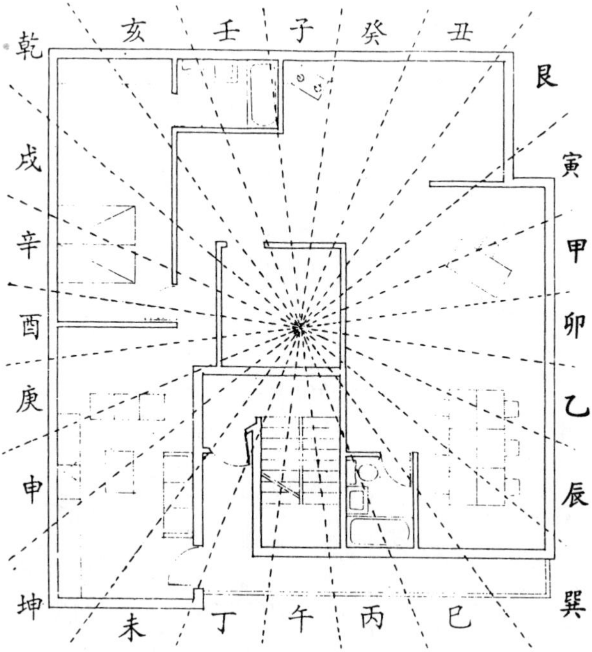

二、房屋——坎山離向（子山午向）

正門：坤位乾向（未位亥向）。

主房：乾、兌（前一位爲佔最大位者，以下同）。

床位：兌。

爐：坎位坤向（子位未向）。

廁：巽及坎。

適合：西四命人。

男：民國2年、11年、20年、29年、38年、47年、56年、65年、74年出生之乾卦命人。

女：民國8年、17年、26年、35年、44年、53年、62年、71年出生之乾卦命人。

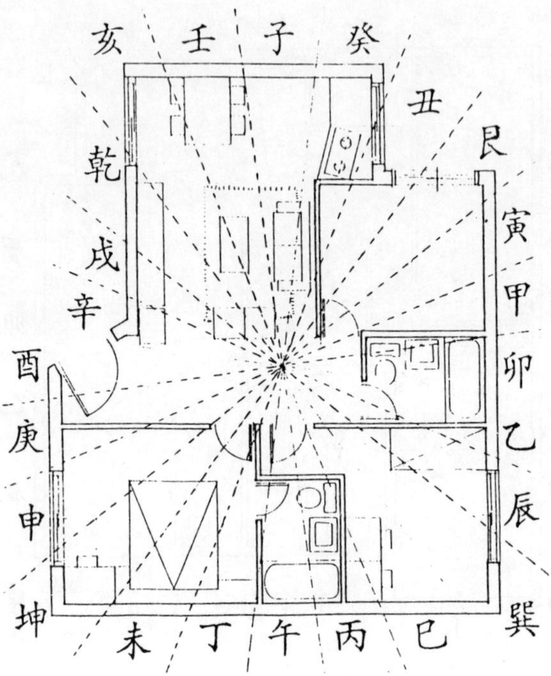

三、房屋——震山兌向（卯山酉向）

正門：兌位乾向（酉位亥向）。

主房：坤、離。

床位：坤。

灶：坎位兌向（癸位辛向）。

廁浴：離、震。

適合：西四命人。

男：民國3年、6年、12年、15年、21年、24年、30年、33年、39年、42年、48年、51年、57年、60年、66年、69年、75年、78年、84年、87年出生之坤卦命人。

女：民國4年、13年、22年、31年、40年、49年、58年、67年、76年、85年出生之坤卦命人。

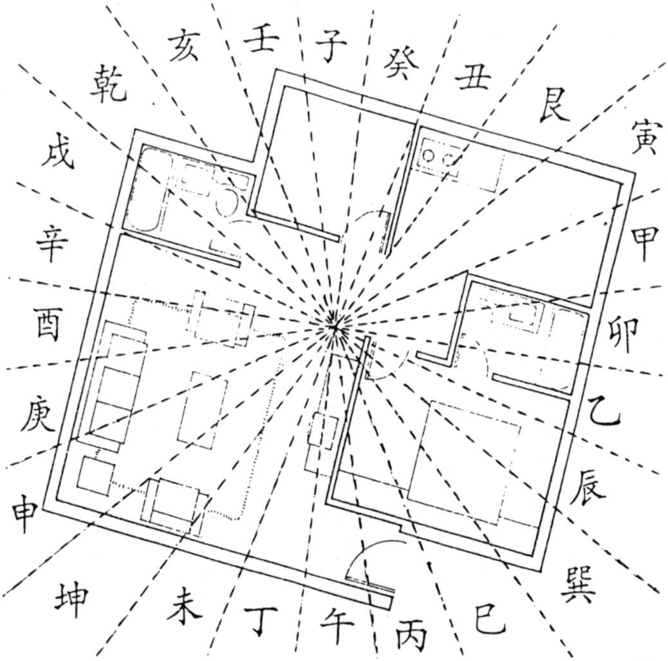

四、房屋——坎山離向（癸山丁向）

正門：離位震向（丙位乙向）。

主房：巽、離、震。

床位：巽。

爐：艮位離向（丑位丁向）。

厠：乾及震。

適合：東四命人。

男：民國4年、13年、22年、31年、40年、49年、58年、67年、76年出生之巽卦命人。

女：民國6年、15年、24年、33年、42年、51年、60年、69年、78年出生之巽卦命人。

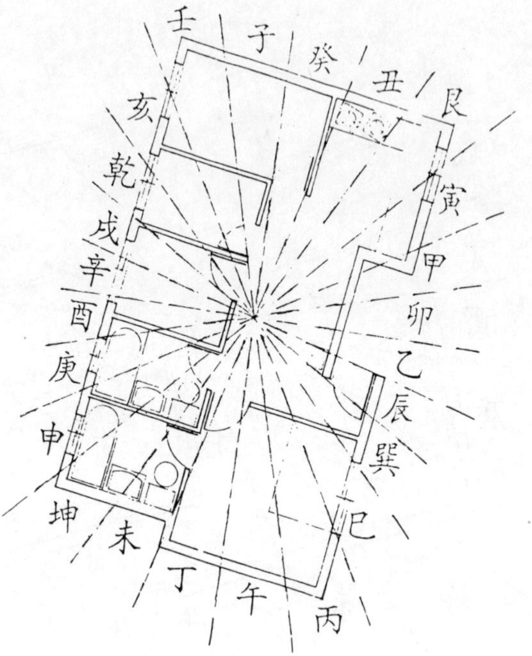

五、房屋——兌山震向（辛山乙向）

正門：震位坎向（辰位癸向）。

主房：離、巽。

床位：巽。

灶：艮位巽向（丑位辰向）。

厠浴：坤、兌。

適合：東四命人。

男與女同：民國5年、14年、23年、32年、41年、50年、59年、68年、77年、86年出生之震卦命人。

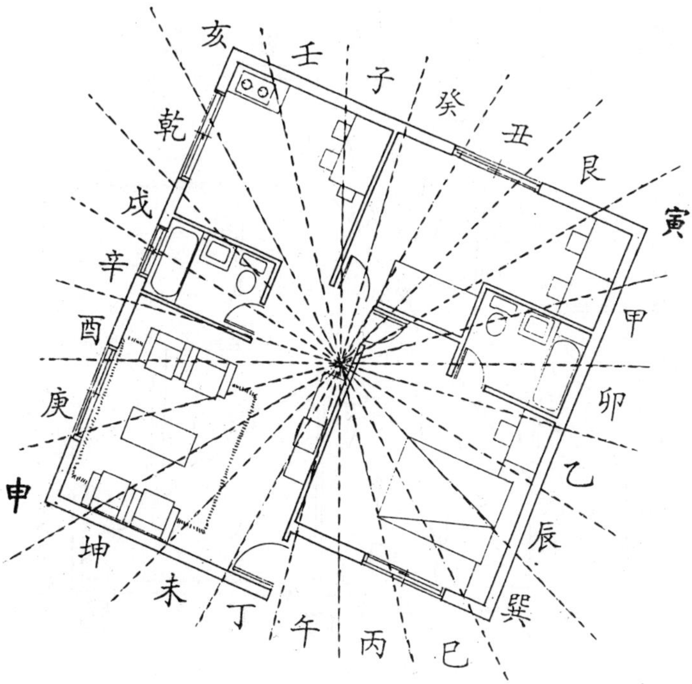

六、房屋——坎山離向（癸山丁向）

正門：離位震向（丁位乙向）。

主房：巽、離、震。

床位：巽。

爐：乾位離向（亥位丁向）。

則：乾位。

適合：東四命人。

男：民國7年、16年、25年、34年、43年、52年、61年、70年、79年出生之坎卦命人。

女：民國3年、12年、21年、30年、39年、48年、57年、66年、75年出生之坎卦命人。

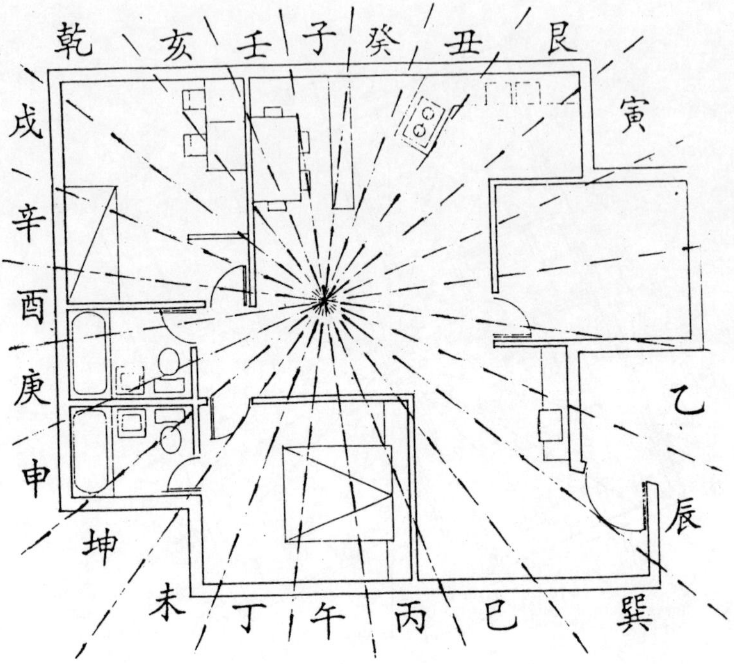

七、房屋——坎山離向（子山午向）

正門：巽位坎向（辰位癸向）。

主房：離、坤。

床位：離。

灶：艮位巽向（丑位辰向）。

厠浴：坤、兌。

適合：東四命人。

男：民國8年、17年、26年、35年、44年、53年、62年、71年、80年、89年出生之離卦命人。

女：民國2年、11年、20年、29年、38年、47年、56年、65年、74年、83年出生之離卦命人。

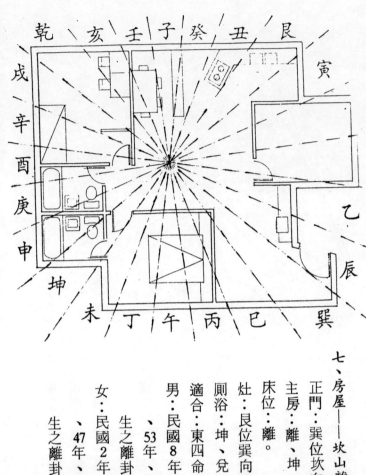

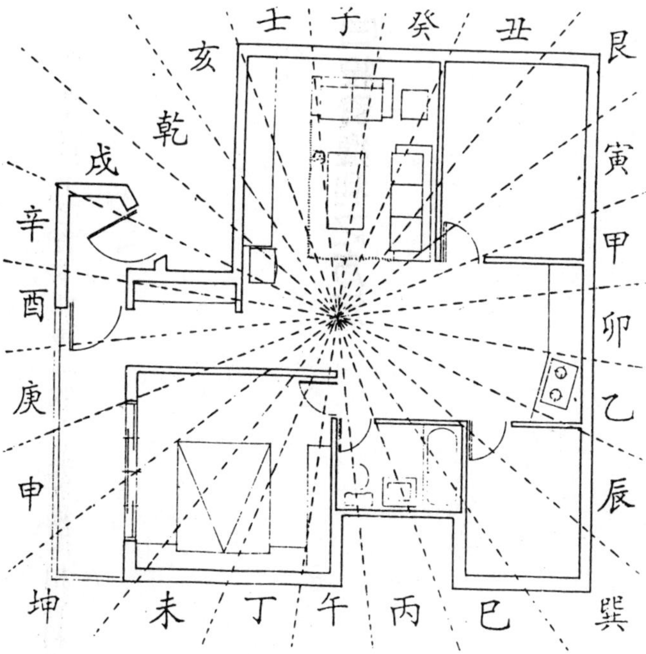

八、房屋——震山兌向（卯山酉向）

正門：兌位艮向（辛位寅向）。

主房：坤、離。

床位：坤。

灶：震位兌向（乙位辛向）。

厠浴：巽。

適合：西四命人。

男：民國9年、18年、27年、36年、45年、54年、63年、72年、81年、90年出生之艮卦命人。

女：民國元年、7年、10年、16年、19年、25年、28年、34年、37年、43年、46年、52年、55年、61年、64年、70年、73年、79年、82年、88年、91年出生之艮卦命人。

為求所投下之資本能夠回收，並能獲得相對利潤，參看以下範例。

㈢投資獲利之方法

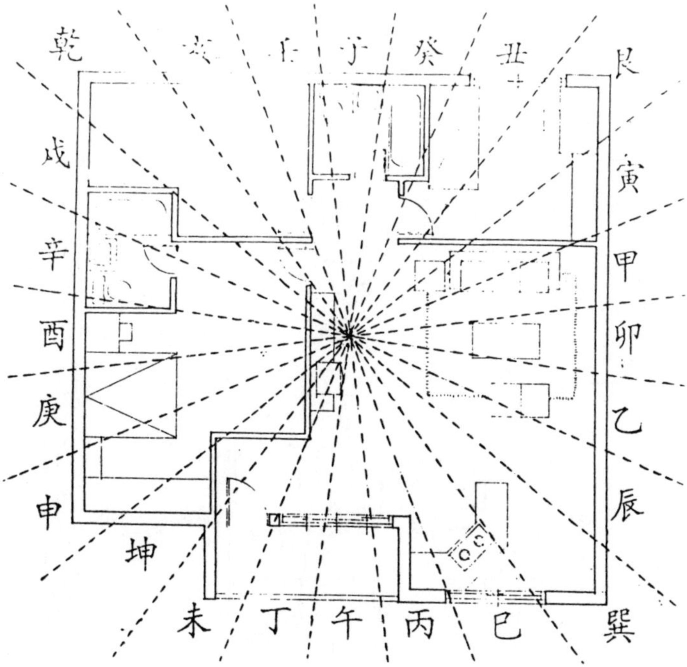

一、房屋——坎山離向（子山午向）

正門：坤位離向（未位午向）。門位應改為兌或坤向為佳。

主房：兌、坤。

床位：兌。

灶：巽位乾向（巳位乾向）。

厠浴：兌及坎。

適合：西四命人。

男：民國2年、11年、20年、29年、38年、47年、56年、65年、74年、83年出生之乾卦命人。

女：民國8年、17年、26年、35年、44年、53年、62年、71年、80年出生之乾卦命人。

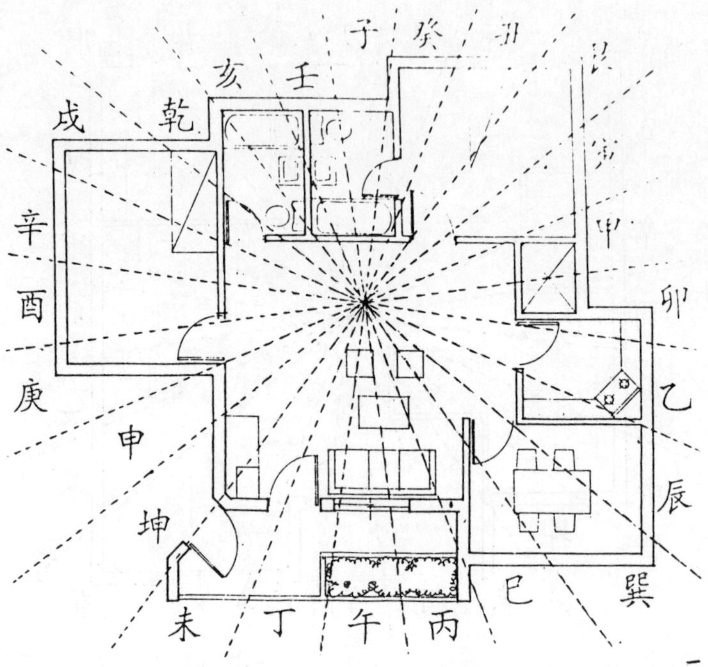

二、房屋——坎山離向（子山午向）

正門：坤位乾向（未位乾向）。

主房：艮、坎。

床位：艮。

灶：震位乾向（乙位乾向）。

厠浴：坎、乾。

適合：西四命人。

男：民國3年、6年、12年、15年、21年、24年、30年、33年、39年、42年、48年、51年、57年、60年、66年、69年、75年、78年、84年、87年出生之坤卦命人。

女：民國4年、13年、22年、31年、40年、49年、58年、67年、76年、85年出生之坤卦命人。

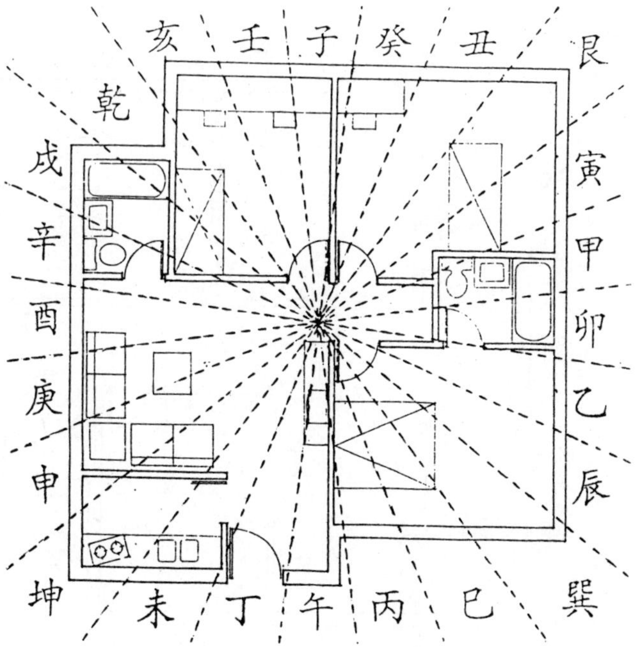

三、房屋——坎山離向（子山午向）

正門：離位離向（丁位丁向）。

主房：巽、離、震。

床位：離。

灶：坤位坎向（坤位壬向）。

厠浴：兌位及震位。

適合：東四命人。

男：民國4年、13年、22年、31年、40年、49年、58年、67年、76年出生之巽卦命人。

女：民國6年、15年、24年、33年、42年、51年、60年、69年、78年出生之巽卦命人。

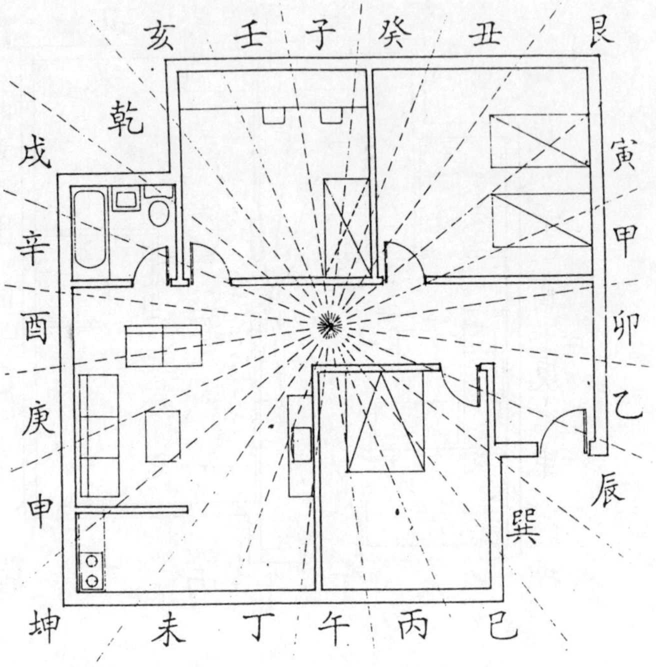

四、房屋——兌山震向（酉山卯向）

正門：巽位離向（辰位午向）。

主房：巽、離。

床位：巽。

灶：坤位震向（坤位卯向）。

厠浴：乾。

適合：東四命人。

男與女同：民國5年、14年、23年、32年、41年、50年、59年、68年、77年86年出生之震卦命人。

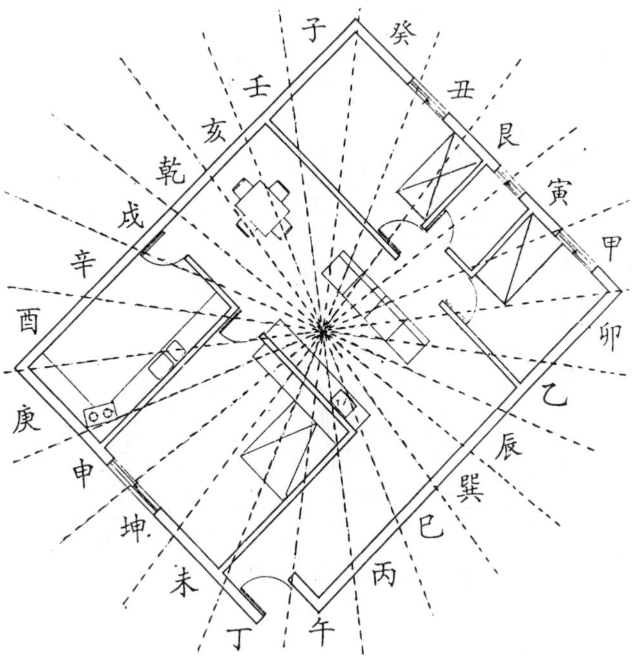

五、房屋——艮山坤向

正門：離位巽向（丁位巽向）

主房：坤、離。

床位：離。

灶：兌位坎向（庚位壬向）。

廁浴：艮位。

適合：東四命人。

男：民國7年、16年、25年、34年、43年、52年、61年、70年、79年出生之坎卦命人。

女：民國3年、12年、21年、30年、39年、48年、57年、66年、75年出生之坎卦命人。

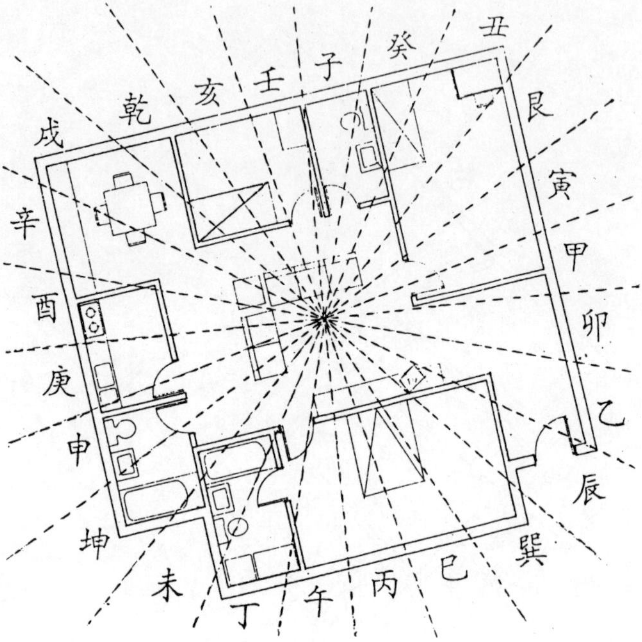

六、房屋——坎山離向（壬山丙向）

正門：巽位離向（辰位丙向）。

主房：巽、離。

床位：巽。

灶：兌位震向（酉位甲向）。

廁浴：坤及艮。

適合：東四命人。

男：民國8年、17年、26年、35年、44年、53年、62年、71年、80年出生之離卦命人。

女：民國2年、11年、20年、29年、38年、47年、56年、65年、74年、82年出生之離卦命人。

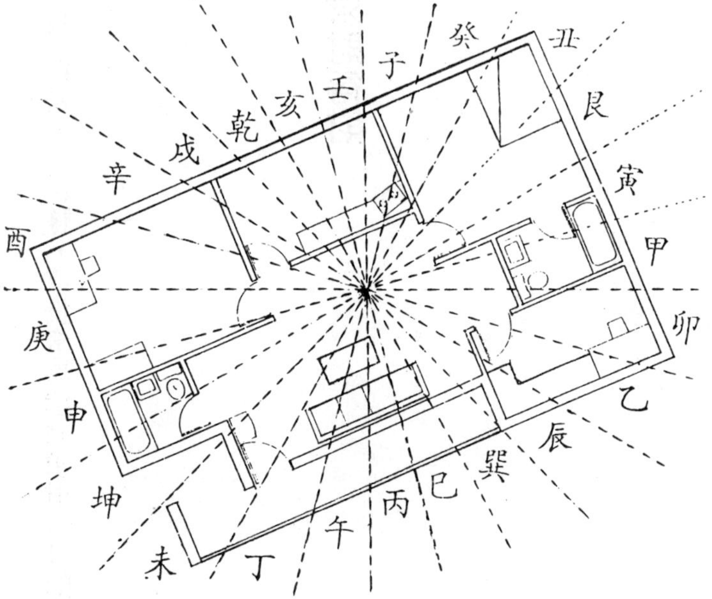

七、房屋——艮山坤向（寅山申向）

正門：坤位巽向（未位巳向）。門向應改向坤爲佳。

主房：艮、坎。

床位：艮。

灶：坎位乾向（癸位乾向）。

厠浴：坤及震。

適合：西四命人。

男：民國9年、18年、27年、36年、45年、54年、63年、72年、81年出生之艮卦命人。

女：民國元年、7年、10年、16年、19年、25年、28年、34年、37年、43年、46年、52年、55年、61年、64年、70年、73年、79年、82年出生之艮卦命人。

自己經營，或合夥，或投資為達到求財的目的，參看以下範例。

㈣求財得財

求財陽宅之吉利方位

東西四命	命卦	門位	門向	爐位	爐向	神位	廁位	床位
東四命	巽	丙	乙	戌	乙	西北	東北	東
	震	辰	卯	寅	卯	西南	西	北
	坎	丁	子	亥	卯	西南	東北、北	東
	離	辰	卯	戌	甲	西南	東北、西	北
西四命	乾	辛	坤	午	艮	西北	東	西
	兌	庚	庚	巽	艮	東	北	西
	坤	庚	戌	癸	戌	東南	南	西北
	艮	辛	艮	乙	寅	東	南	西北

註：1.門與爐有位和向①門向、門位要吉利位向②爐要置凶位，向吉向。
2.神位，僅有位，無向。要安於財位、旺位。
3.厠，僅有位無向。要置於凶位，押煞。
4.床，僅有位，無向。要放吉位，天醫、生氣。

偏財之陽宅吉利方位

房屋坐山	屋向	東四命		西四命	
		廁位	香位	廁位	香位
子	午	寅	辰	午	申
癸	丁	辛	甲	巽	乾
丑	未	庚	乙	卯	丑
艮	坤	酉	丙	巳	庚
寅	申	辛	甲	子	未
甲	庚	申	巽	癸	未
卯	酉	酉	丙	丁	艮
乙	辛	申	巽	癸	未
辰	戌	辛	甲	巽	乾
巽	乾	乾	巽	申	辛
巳	亥	未	巳	卯	丑
丙	壬	丑	卯	丁	艮
午	子	申	巽	子	未
丁	癸	艮	乙	丙	酉
未	丑	丑	丙	巳	庚
坤	艮	艮	巳	丙	酉
申	寅	戌	子	壬	申
庚	甲	酉	丙	巳	庚
酉	卯	亥	丁	卯	丑
辛	乙	乾	巽	甲	丑
戌	辰	酉	丙	癸	寅
乾	巽	辛	甲	巽	乾
亥	巳	酉	丙	丁	艮
壬	丙	申	巽	辰	辛

註：求偏財之方位僅可用於救急，暫時用之，久用會產生其他副作用。

所謂偏財係指來來去去，不積蓄之財，往往偏財來後，意志不堅者易沉迷於賭博、犯桃花，或從事投機性事業，出馬競選等結果是血本無歸。

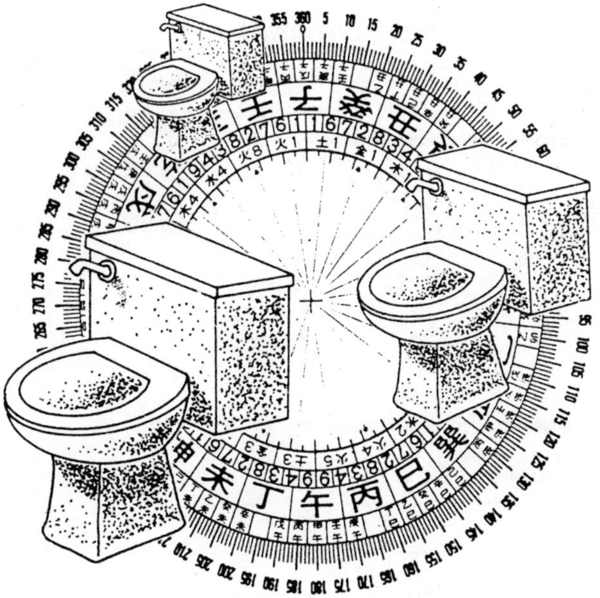

求偏財時，先確定房屋全棟之坐向後，再根據東四命、西四命之別，在屋內24方位中決定馬桶排出孔的中心位置。

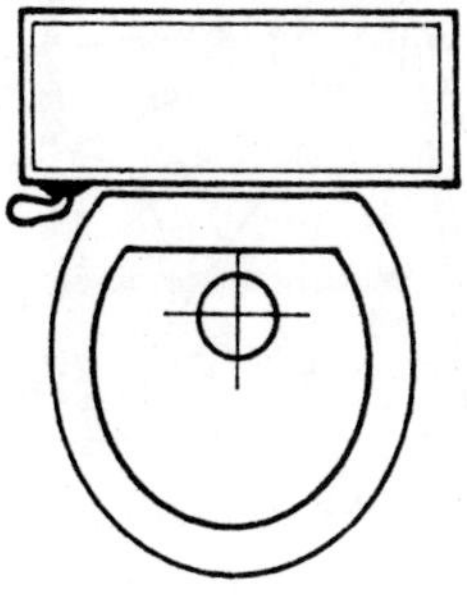

※馬桶是以排出孔的中心點為基準，不限馬桶的方向。

以下舉範例二種，其他房屋之坐向均可依表列則位及香位，按範例之方法調整即可。

一、坐申向寅之房屋

東四命

馬桶排出孔方位：戌＝292.5—307.5度

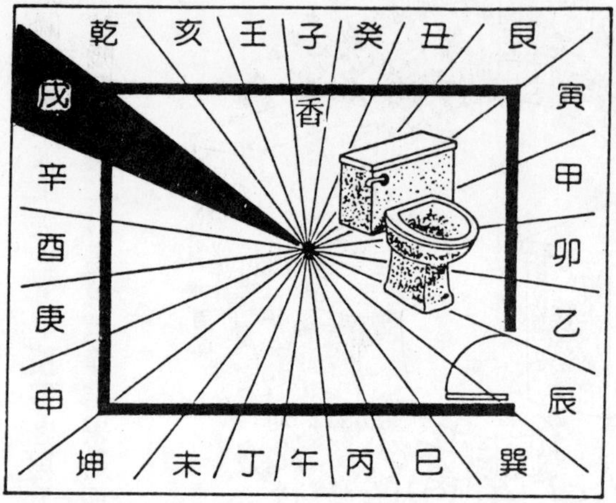

西四命

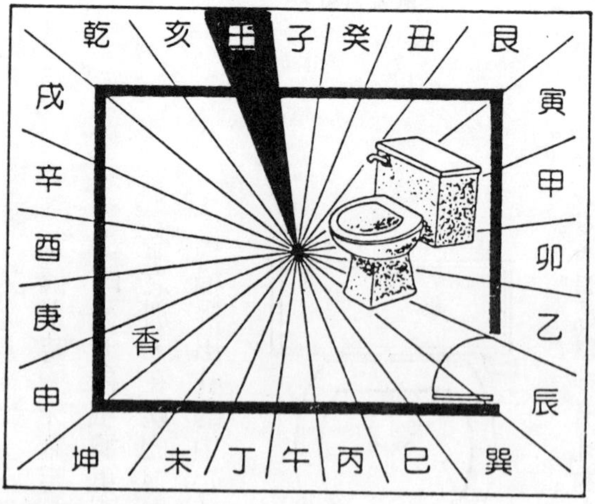

馬桶排出孔方位：壬＝337.5—352.5度

二、坐丙向壬之房屋

馬桶排出孔方位：丑＝ 22.5— 37.5度

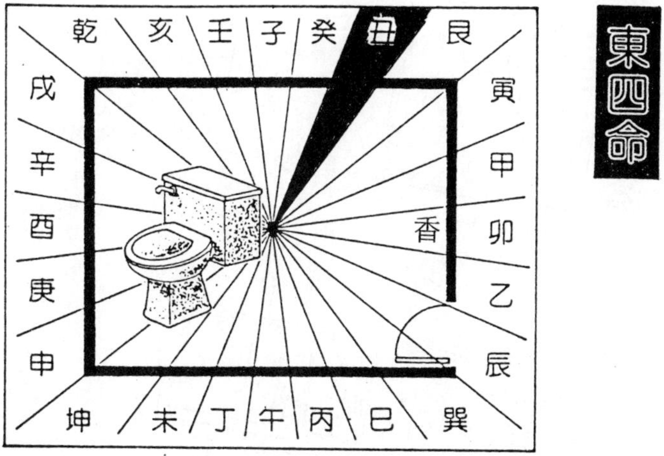

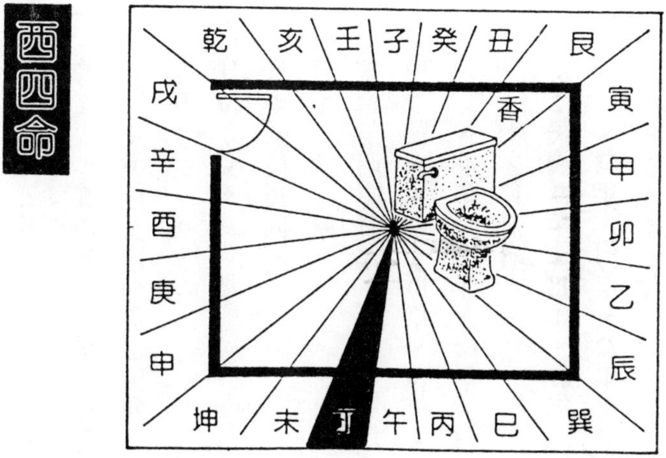

馬桶排出孔方位：丁＝187.5—202.5度

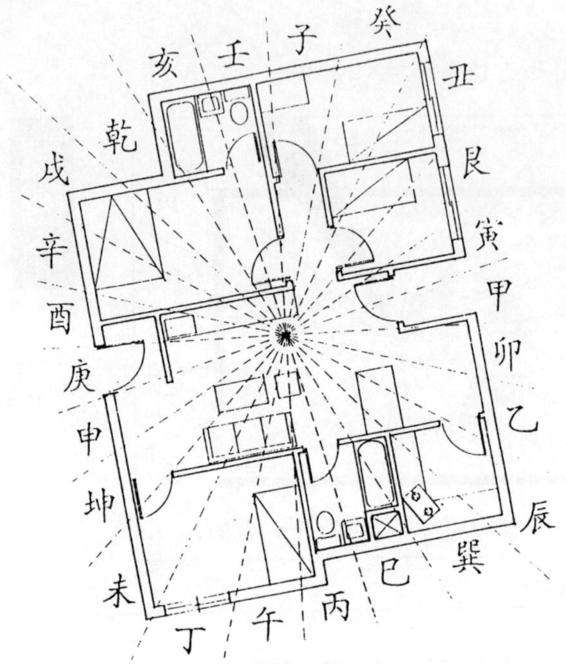

一、房屋——震山兌向（甲山庚向）

正門：兌位兌向（庚位庚向）。

主房：兌、乾。

床位：兌。

灶：巽位艮向。

厠浴：坎、離。

適合：西四命人。

男：民國元年、10年、19年、28年、37年、46年、55年、64年、73年、82年出生之兌卦命人。

女：民國9年、18年、27年、36年、45年、54年、63年、72年、81年、90年出生之兌卦命人。

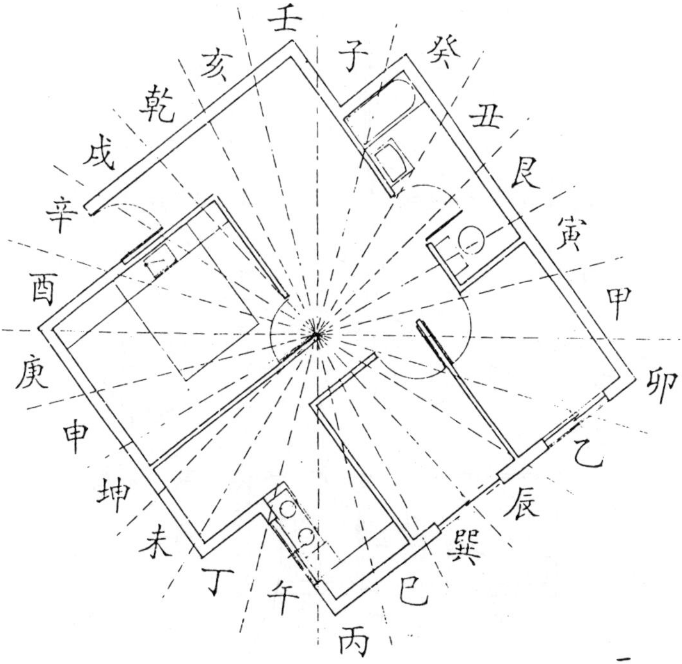

二、房屋——巽山乾向

正門：兌位坤向（辛位坤向）。

主房：兌、坤。

床位：兌。

灶：離位艮向（午位艮向）。

厠浴：震。

適合：西四命人。

男：民國2年、11年、20年、29年、38年、47年、56年、65年、74年、83年出生之乾卦命人。

女：民國8年、17年、26年、35年、44年、53年、62年、71年、80年、89年出生之乾卦命人。

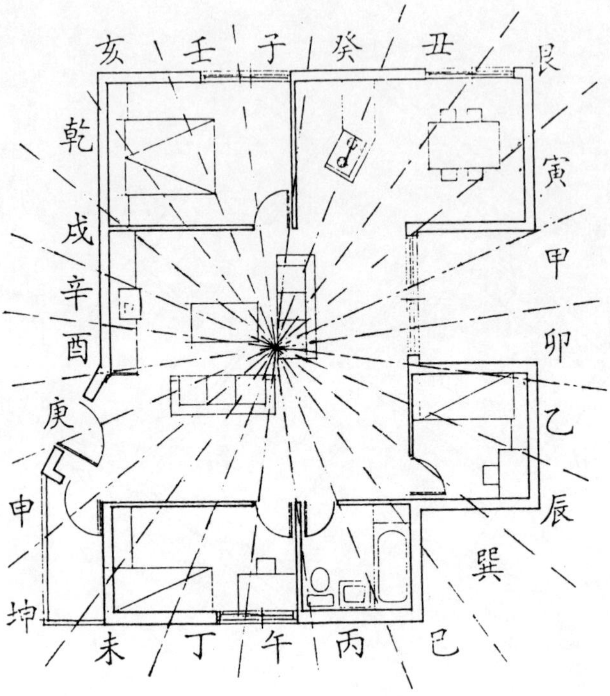

三、房屋——震山兌向（卯山酉向）

正門：兌位乾向（庚位戌向）。

主房：乾。

床位：乾。

灶：坎位乾向（癸位戌向）。

厠浴：離。

適合：西四命人。

男：民國3年、6年、12年、15年、21年、24年、30年、33年、39年、42年、48年、51年、57年、60年、66年、69年、75年、78年、84年、87年出生之坤卦命人。

女：民國4年、13年、22年、31年、40年、49年、58年、67年、76年、85年出生之坤卦命人。

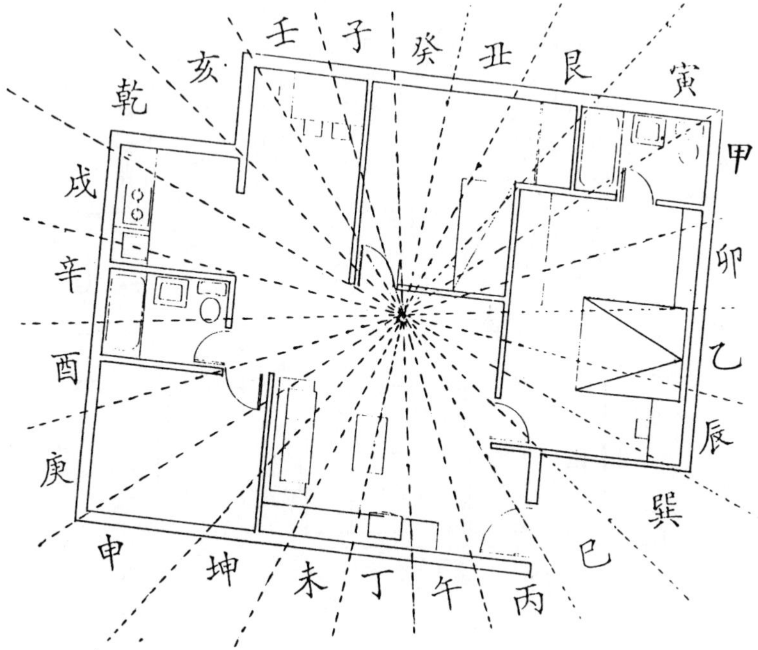

四、房屋——兌山震向（辛山乙向）

正門：離位震向（丙位乙向）。

主房：震、巽。

床位：震。

灶：乾位震向（戌位乙向）。

厠浴：兌及艮。

適合：東四命人。

男：民國4年、13年、22年、31年、40年、49年、58年、67年、76年、85年出生之巽卦命人。

女：民國6年、15年、24年、33年、42年、51年、60年、69年、78年、87年出生之巽卦命人。

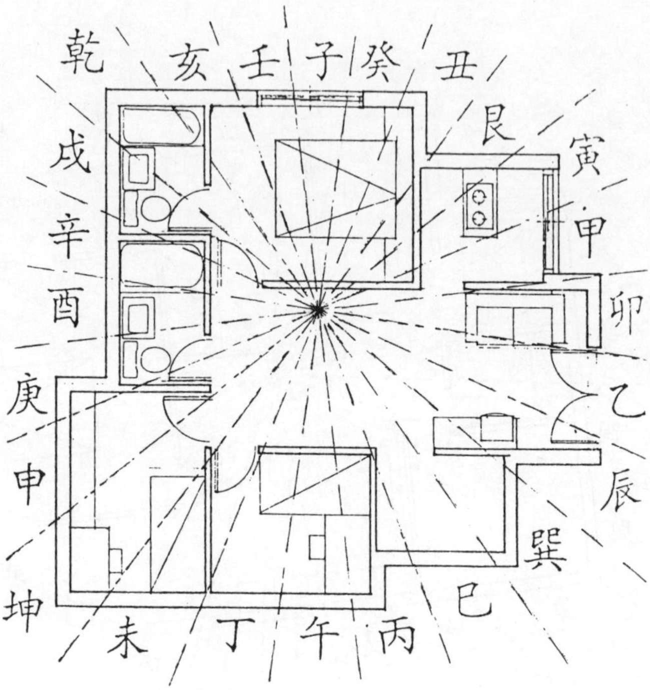

五、房屋——兌山震向（酉山卯向）

正門：震位震向（辰位卯向）。

主房：坎。

床位：坎。

灶：艮位震向（寅位卯向）。

厠浴：兌、乾。

適合：東四命人。

男與女同：5年、14年、23年、32年、41年、50年、59年、68年、77年、86年出生之震卦命人。

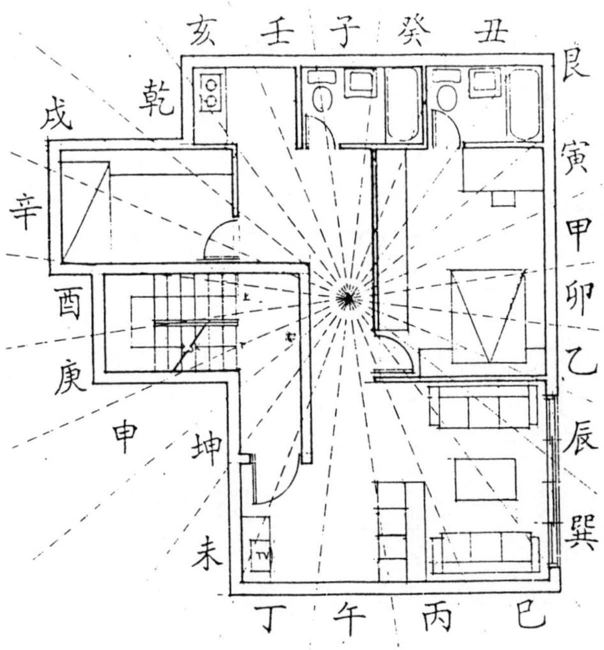

六、房屋——震山兌向（卯山酉向）

正門：離位坎向（丁位子向）。

主房：震。

床位：震。

灶：乾位震向（亥位卯向）。

厠浴：艮、坎。

適合：東四命人。

男：民國7年、16年、25年、34年、43年、52年、61年、70年、79年、88年出生之坎卦命人。

女：民國3年、12年、21年、30年、39年、48年、57年、66年、75年、84年出生之坎卦命人。

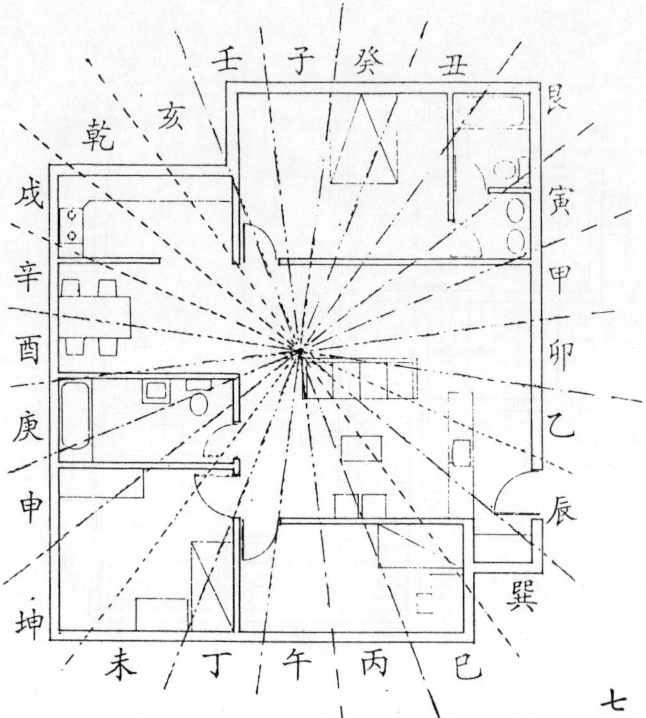

七、房屋——兌山震向（酉山卯向）

正門：巽位震向（辰位卯向）。

主房：坎、艮。

床位：坎。

灶：乾位震向（戌位甲向）。

廁浴：兌及艮。

適合：東四命人。

男：民國8年、17年、26年、35年、44年、53年、62年、71年、80年出生之離卦命人。

女：民國2年、11年、20年、29年、38年、47年、56年、65年、74年、83年出生之離卦命人。

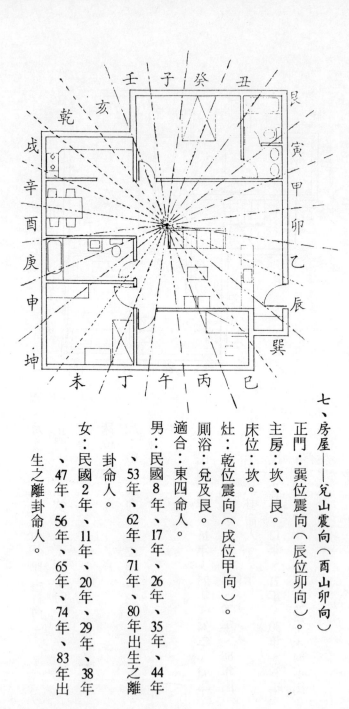

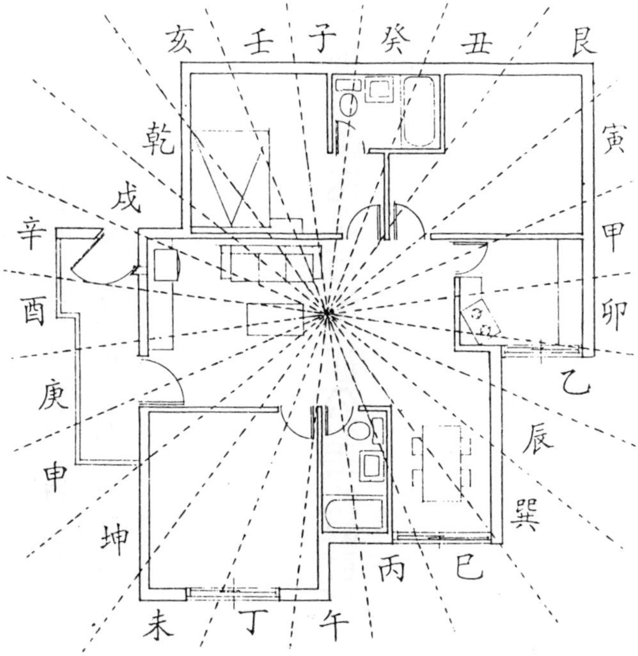

八、房屋——離山坎向（午山子向）

正門：兌位艮向（辛位艮向）。

主房：乾、坎。

床位：乾。

灶：震位艮向（乙位寅向）。

厠浴：離、坎。

適合：西四命人。

男：民國9年、18年、27年、36年、45年、54年、63年、72年、81年、90年出生之艮卦命人。

女：民國元年、7年、10年、16年、19年、25年、28年、34年、37年、43年、46年、52年、55年、61年、64年、70年、73年、79年、82年、88年出生之艮卦命人。

為求所經營之事業能夠順利，並得到利益，不但其住宅要吉利，經營事業之場所，即辦公室之設計亦不可忽視。以下範例係以企業主、經營者為準。

(五)經營順遂之方法（辦公室之設計）

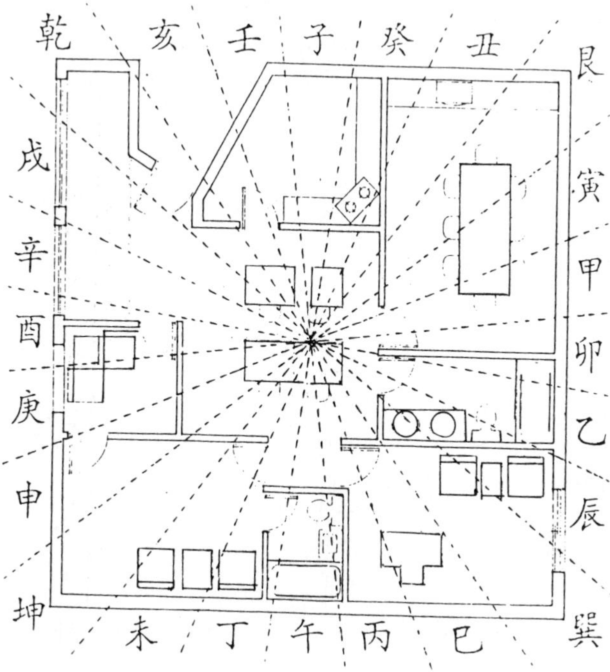

一、房屋——離山坎向（午山子向）

正門：乾位艮向（乾位丑向）。

主房：巽，房門酉向。

床位：——

灶：

廁浴：離、震。

適合：西四命人。

男：民國元年、10年、19年、28年、37年、46年、55年、64年、73年、82年出生之兌卦命人。

女：民國9年、18年、27年、36年、45年、54年、63年、72年、81年、90年出生之兌卦命人。

使用條件：住宅位於本辦公地點之西北方、北方、東北方或東方為佳。

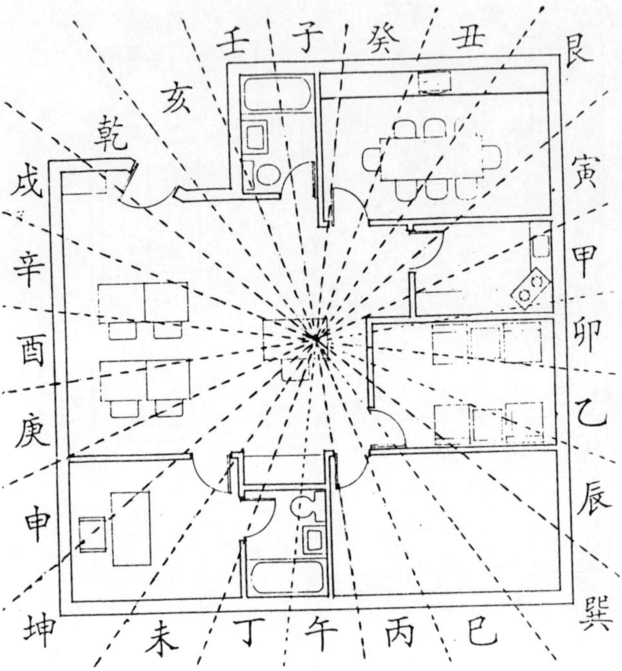

二、房屋——離山坎向（午山子向）

正門：乾位艮向（乾位丑向）。

主房：坤。

床位：——

灶：震位乾向（甲位乾向）。

廁浴：離及坎。

適合：西四命人。

男：民國2年、11年、20年、29年、38年、47年、56年、65年、74年、83年出生之乾卦命人。

女：民國8年、17年、26年、35年、44年、53年、62年、71年、80年、89年出生之乾卦命人。

使用條件：住宅位於本辦公室之西北方、北方、東北方或東方爲佳。

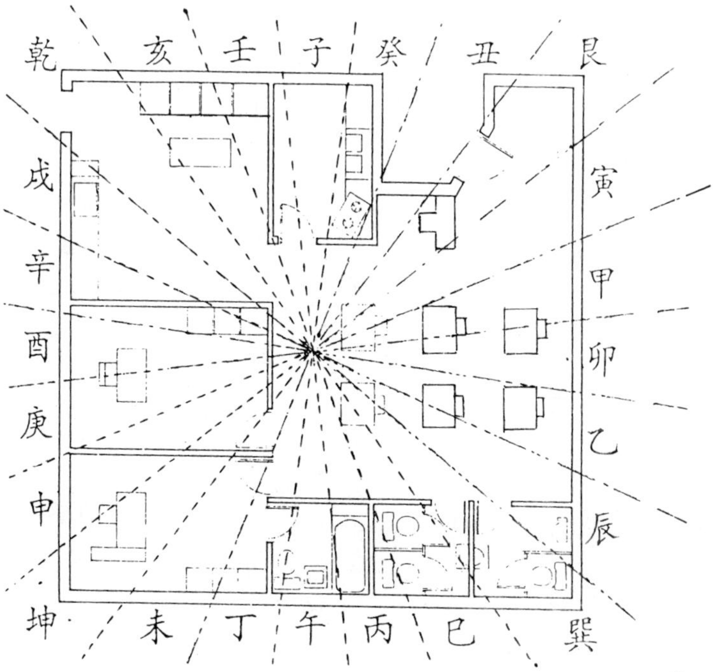

三、房屋——離山坎向（午山子向）

正門：艮位乾向（艮位戌向）。

主房：坤、兌。

床位：——

灶：坎位乾向（癸位戌向）。

廁浴：離及巽。

適合：西四命人。

男：民國3年、6年、12年、15年、21年、24年、30年、33年、39年、42年、48年、51年、57年、60年、66年、69年、75年、78年、84年、87年出生之坤卦命人。

女：民國4年、13年、22年、31年、40年、49年、58年、67年、76年、85年出生之坤卦命人。

使用條件：住宅位於本辦公室之西北方、北方、東北方或東方爲佳。

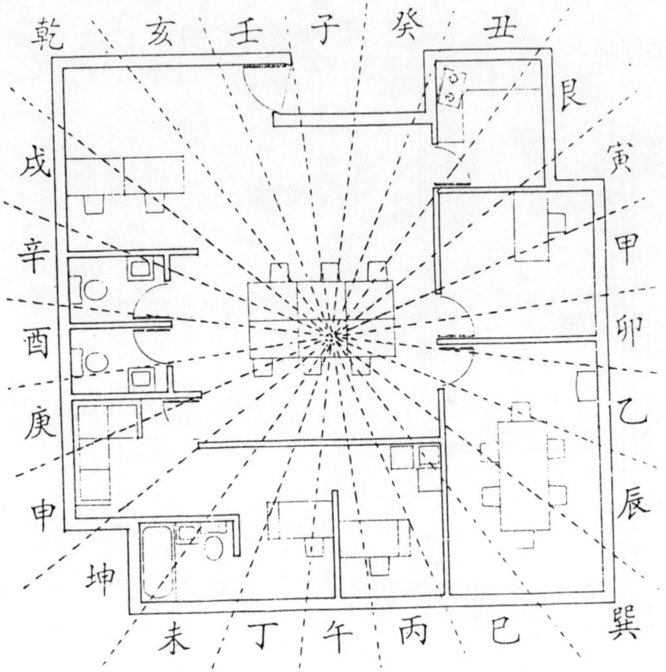

四、房屋——兌山震向（酉山卯向）

正門：坎位震向（壬位乙向）。

主房：離。

床位：——

灶：艮位震向（丑位乙向）。

厠浴：兌、坤。

適合：東四命人。

男：民國4年、13年、22年、31年、40年、49年、58年、67年、76年、85年出生之巽卦命人。

女：民國6年、15年、24年、33年、42年、51年、60年、69年、78年、87年出生之巽卦命人。

使用條件：住宅位於本辦公室之西北方、北方、東北方或東方為佳。

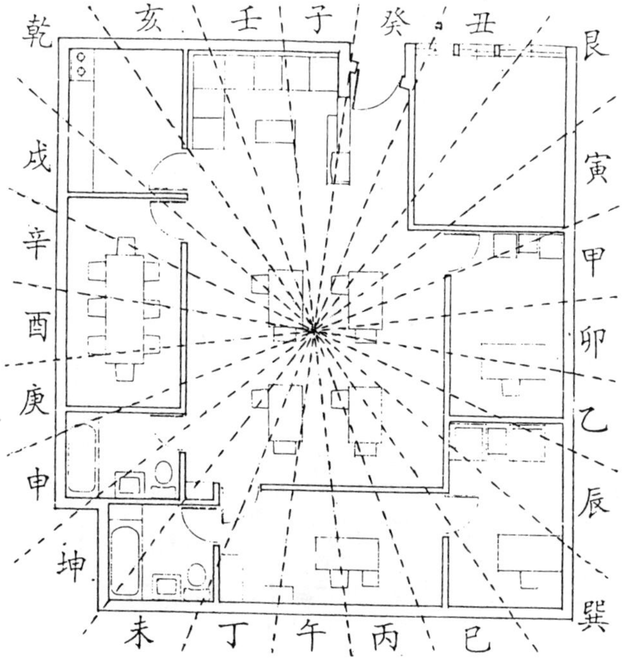

五、房屋——離山坎向（午山子向）

正門：坎位坎向（癸位癸向）。

主房：離、巽。

床位：——

灶：乾位震向（乾位甲向）。

厠浴：坤。

冷氣機：坎。

適合：東四命人。

男：民國5年、14年、23年、32年、41年、50年、59年、68年、77年、86年出生之震卦命人。

女：與男性同年出生者。

使用條件：住宅位於本辦公室之西北方、北方、東北方或東方爲佳。

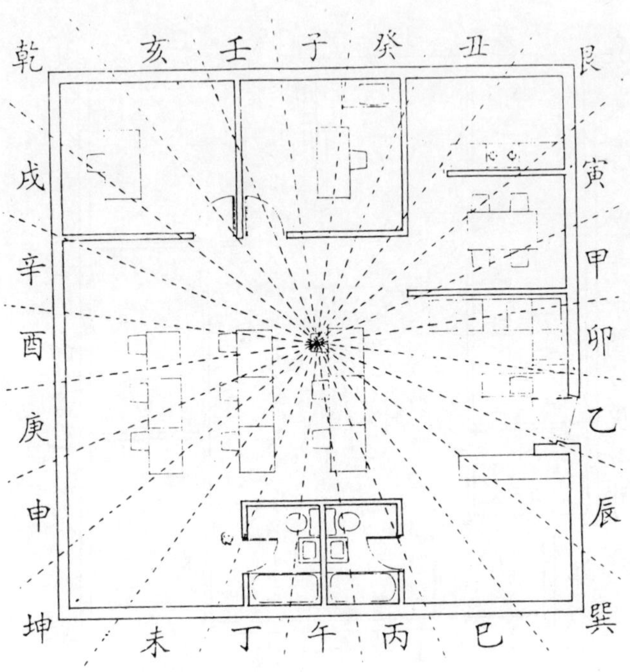

六、房屋——兌山震向（酉山卯向）

正門：震位震向（乙位乙向）。

主房：坎。

床位：——

灶：艮位坎向（艮位子向）。

厠浴：離（如改爲坤位爲佳）。

適合：東四命人

男：民國7年、16年、25年、34年、43年、52年、61年、70年、79年、88年出生之坎卦命人。

女：民國3年、12年、21年、30年、39年、48年、57年、66年、75年、84年出生之坎卦命人。

使用條件：住宅位於本辦公室之西北方、北方、東北方或東方爲佳。

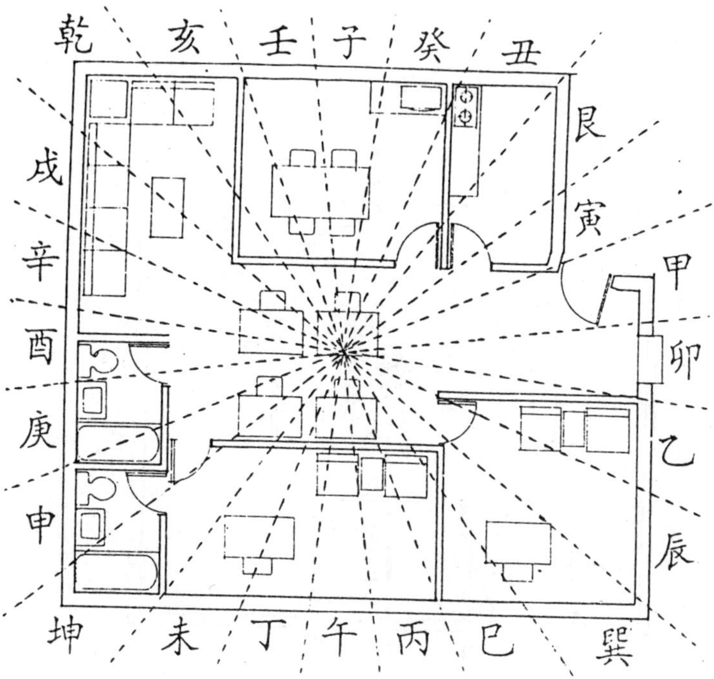

七、房屋——兌山震向（酉山卯向）

正門：震位坎向（甲位癸向）。

主房：離。

床位：——

灶：艮位震向（丑位卯向）。

厠浴：坤、兌。

冷氣機：震。

適合：東四命人。

男：民國8年、17年、26年、35年、44年、53年、62年、71年、80年、89年出生之離卦命人。

女：民國2年、11年、20年、29年、38年、47年、56年、65年、74年、83年、92年出生之離卦命人。

使用條件：住宅位於本辦公室之西北方、北方、東北方或東方爲佳。

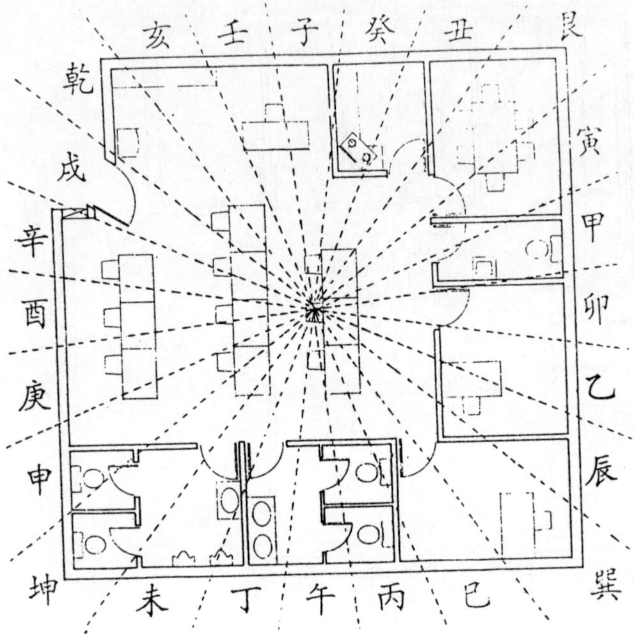

八、房屋——離山坎向（午山子向）

正門：乾位乾向（戌位戌向）。

主房：艮為佳，巽房宜坐位向西南（坤）。

床位：——

灶：坎位艮向（癸位艮向）。

厠浴：離。坤位廢止為佳。

冷氣機：乾。

適合：西四命人。

男：民國9年、18年、27年、36年、45年、54年、63年、72年、81年、90年出生之艮卦命人。

女：民國元年、7年、10年、16年、19年、25年、28年、34年、37年、43年、46年、52年、55年、61年、64年、70年、73年、79年、82年、88年出生之艮卦命人。

使用條件：住宅位於本辦公室之西北方、北方、東北方或東方為佳。

家中有考試適齡人員，爲求考試順利通過，並得較好的成績，與當事者有關之擺設亦須配合。

房宅之座向及門之位置與方向乃至厠浴等方位當以家長之喜忌爲準，不能隨意更改；當事人若與家長同命卦最佳，亦可從其他方面配合當事人之需要。

如臥房、床位、電視機位置、灶向等，應依當事人之吉方，尤以天醫方加以調整。

㈥容易通過考試之方法

若母親健在而且同住（不在或不同住者無效）者，以母親之床位中心點爲基準，量出本身之延年方，安置床位，其效果亦很好。

參看以下範例。

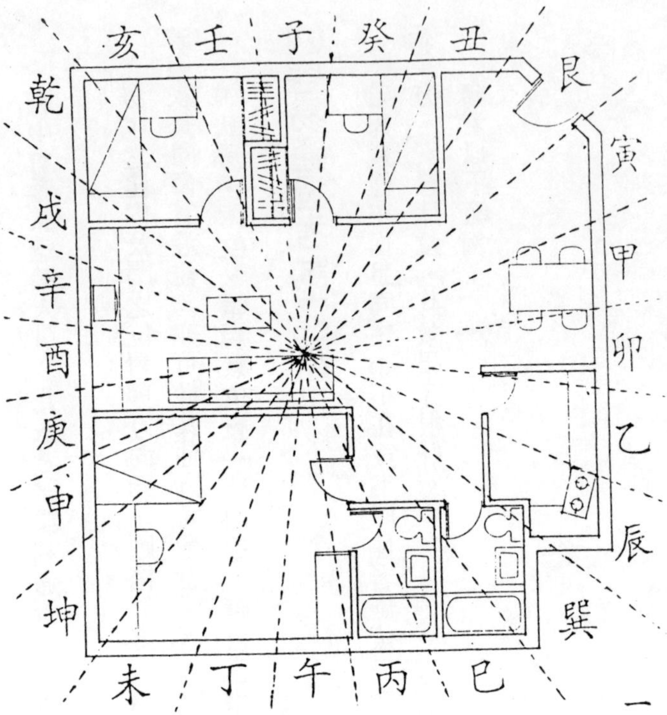

一、房屋——兌山震向（酉山卯向）

正門：艮位艮向。

主房：艮。

床位：艮。

灶：巽位乾向（辰位辛向）。

厠浴：離、巽。

適合：西四命人。

男：民國2年、11年、20年、29年、38年、47年、56年、65年、74年、83年出生之乾卦命人。

女：民國8年、17年、26年、35年、44年、53年、62年、71年、80年、89年出生之乾卦命人。

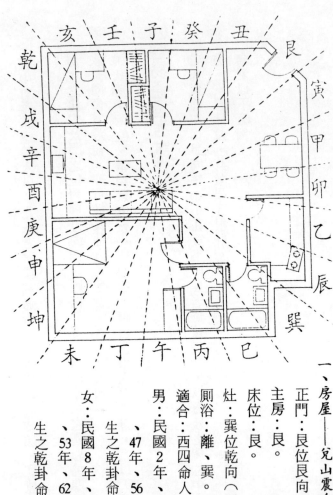

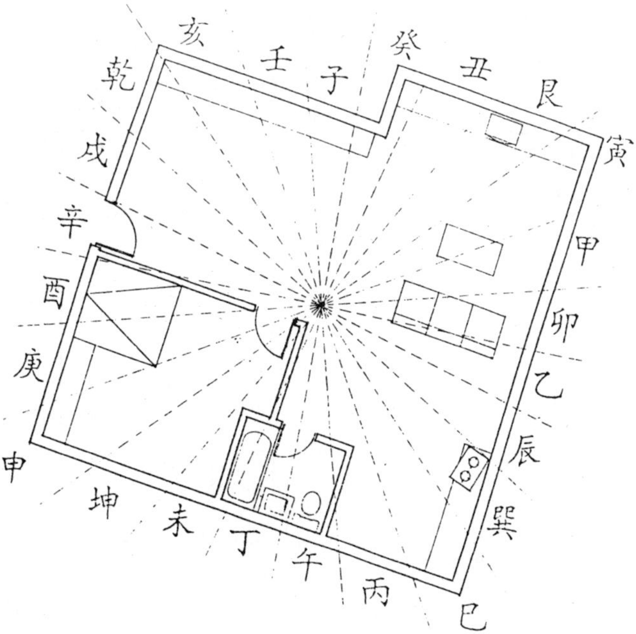

二、房屋——震山兌向（乙山辛向）

正門：兌位兌向（辛位辛向）。

主房：兌。

床位：兌。

灶：巽位乾向（巽位戌向）。

厠浴：離。

適合：西四命人。

男：民國3年、6年、12年、15年、21年、24年、30年、33年、39年、42年、48年、51年、57年、60年、66年、69年、75年、78年、84年、87年出生之坤卦命人。

女：民國4年、13年、22年、31年、40年、49年、58年、67年、76年、85年出生之坤卦命人。

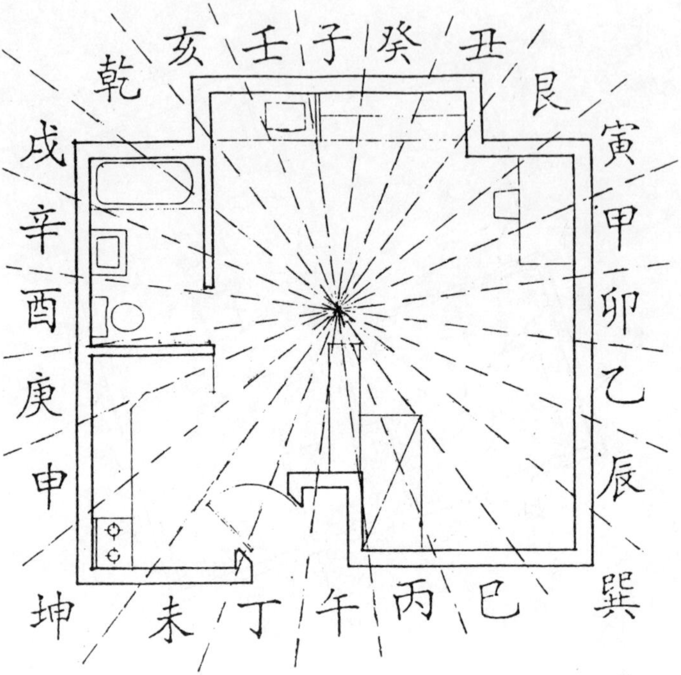

三、房屋——坎山離向（子山午向）

正門：離位巽向（丁位巽向）

主房：巽、離。

床位：離。

灶：坤位震向。（坤位乙向）

厠浴：兌。

適合：東四命人。

男：民國4年、13年、22年、31年、40年、49年、58年、67年、76年、85年出生之巽卦命人。

女：民國6年、15年、24年、33年、42年、51年、60年、69年、78年、87年出生之巽卦命人。

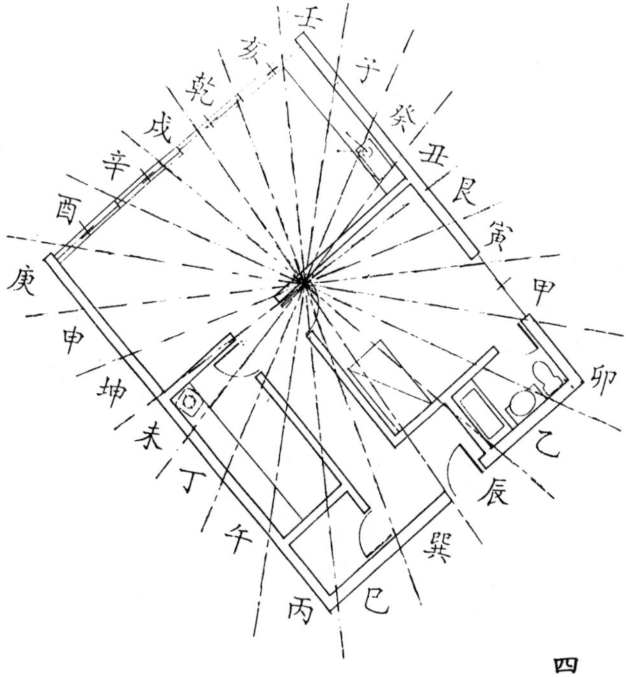

四、房屋——乾山巽向（戌山辰向）

正門：巽位巽向（辰位辰向）。

主房：震、巽。

房門：巽位離向（巳位丙向）。

床位：巽。

灶：坤位坎向（未位癸向）。

厠浴：——

電視：癸位。

適合：東四命人。

男與女同：民國5年、14年、23年、32年、41年、50年、59年、68年、77年、86年出生之震卦命人。

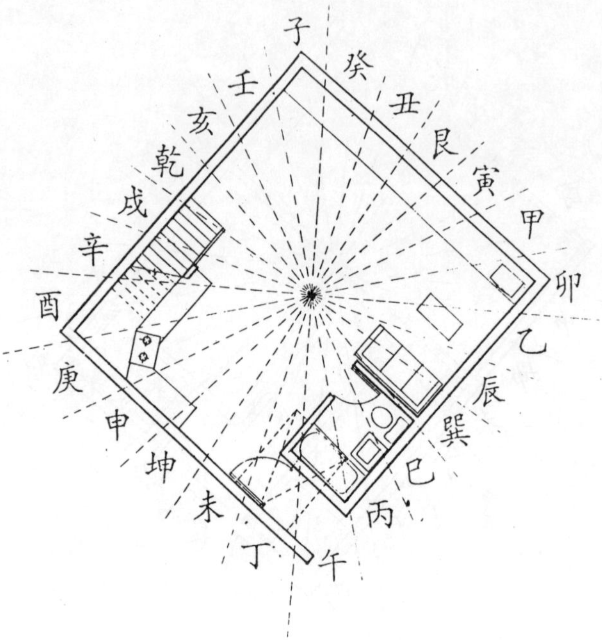

五、房屋——乾山巽向

正門：離位巽向（丁位巽向）。

主房：離（此房無法安床，僅作參考之位置）。

床位：離（此房無法安床，僅作參考之位置）。

灶：兌位震向（庚位乙向）。

厠浴：——

電視：震。

適合：東四命人。

男：民國7年、16年、25年、34年、43年、52年、61年、70年、79年、88年出生之坎卦命人。

女：民國3年、12年、21年、30年、39年、48年、57年、66年、75年、84年出生之坎卦命人。

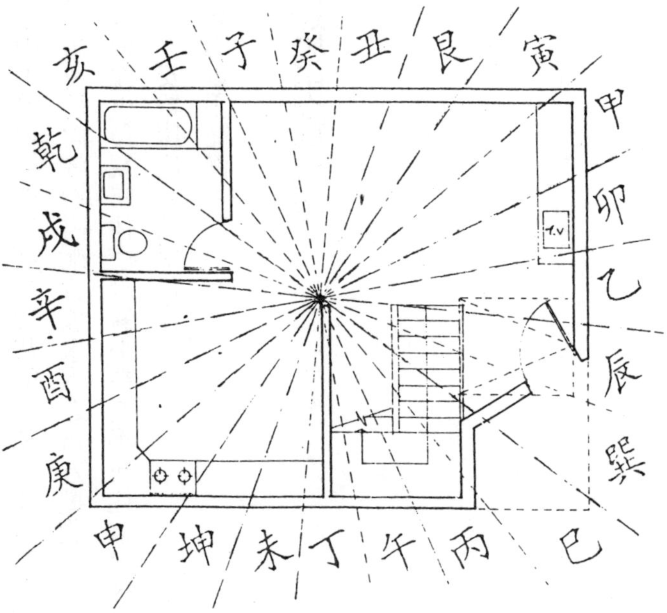

六、房屋——兌山震向（辛山乙向）

正門：巽位離向（辰位丙向）。

主房：巽（此房屋本位置無法安床，僅作參考）。

床位：巽（此房屋本位置無法安床，僅作參考）。

灶：坤位坎向（坤位癸向）。

厠浴：——

電視：震。

適合：東四命人。

男：民國8年、17年、26年、35年、44年、53年、62年、71年、80年、89年出生之離卦命人。

女：民國2年、11年、20年、29年、38年、47年、56年、65年、74年、83年出生之離卦命人。

家中有適婚男性要尋得理想的對象，亦須作各種之配合。從臥房、床位、唸書之桌位、電視機之位置及灶向等均需配合當事人之吉方擺設。

若與親生母親同住（母親不在或不同住者無效）者，以母親之床位中心點爲基準，量出本身之延年方安置床位，效果良好。

參看以下範例。

(七)適婚男性求偶

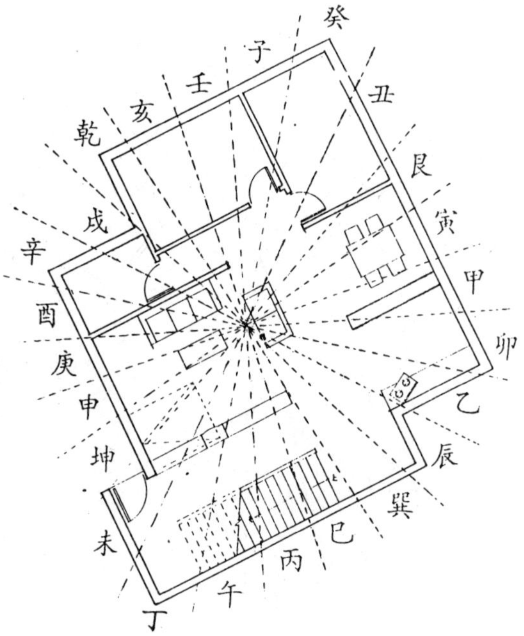

一、房屋——艮山坤向（寅山申向）

正門：坤位乾向（未位亥向）。

主房：坤。

床位：坤。

灶：震位乾向（乙位戌向）。

厠浴：——

電視：坤、未。

適合：西四命人。

男：民國元年、10年、19年、27年、36年、45年、54年、63年、72年、81年出生之兌卦命人。

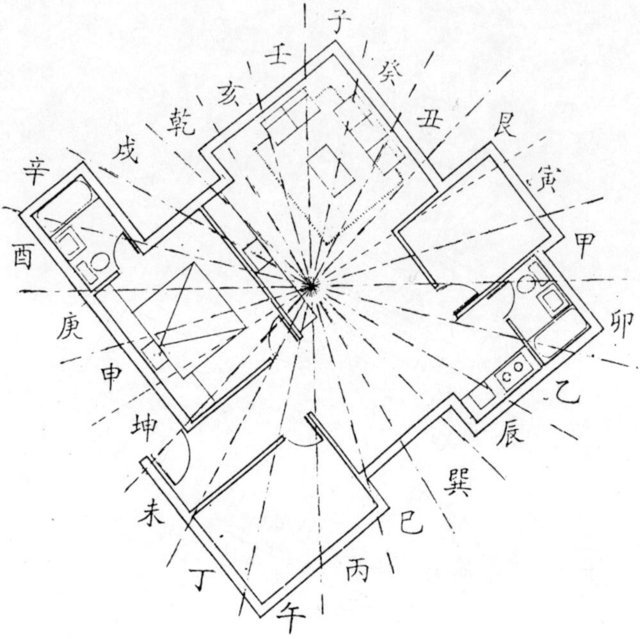

二、房屋——艮山坤向

正門：坤位乾向（未位乾向）。

主房：坤。

床位：坤（申）。

灶：震位乾向（乙位乾向）。

厠浴：兌。

電視：坤（申）、兌（辛）。

適合：西四命人。

男：民國2年、11年、20年、29年、38年、47年、56年、65年、74年、83年出生之乾卦命人。

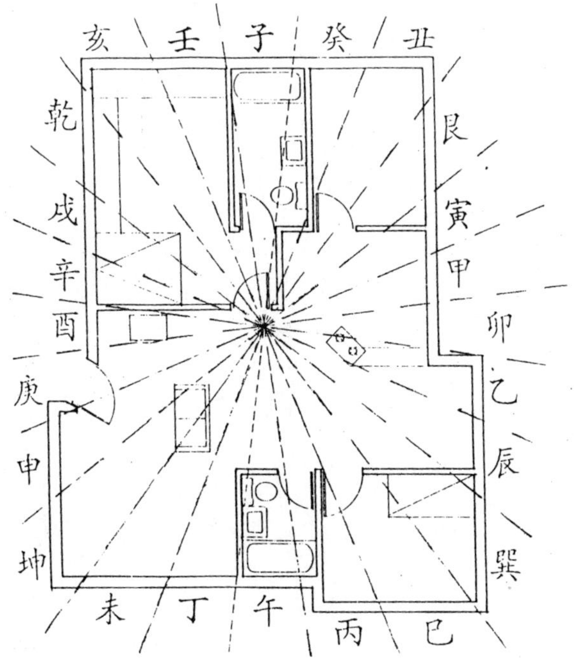

三、房屋——震山兌向（卯山酉向）

正門：兌位乾向（庚位戌向）。

主房：乾、兌。

床位：兌（辛）。

灶：震位艮向（乙位艮向）。

厠浴：離、坎。

電視：兌（酉）。

適合：西四命人。

男：民國3年、6年、12年、15年、21年、24年、30年、33年、39年、42年、48年、51年、57年、60年、66年、69年、75年、78年、84年、87年出生之坤卦命人。

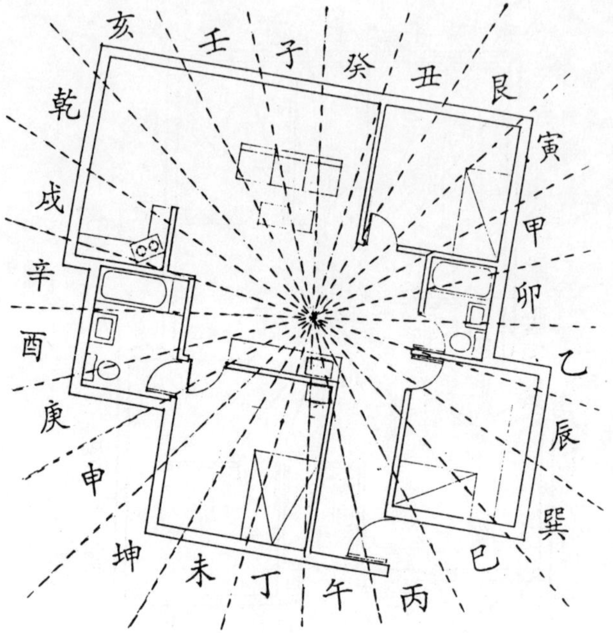

四、房屋——坎山離向（癸山丁向）

正門：離位震向（丙位乙向）。

主房：坤、離。

床位：離（丁）。

灶：乾位坎向（戌位壬向）。

厠浴：兌及震。

電視：離（午）。

適合：東四命人。

男：民國4年、13年、22年、31年、40年、49年、58年、67年、76年、85年出生之巽卦命人。

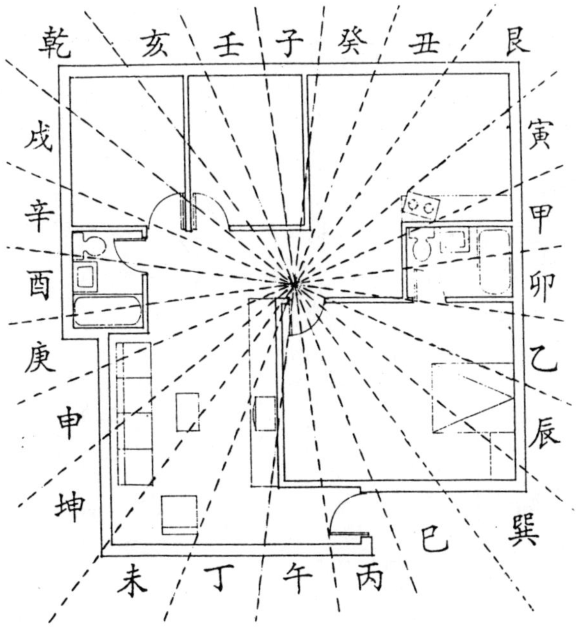

五、房屋——坎山離向（子山午向）

正門：離位震向（丙位卯向）。

主房：巽、離、震。

床位：巽（辰）。

灶：艮位坎向（寅位癸向）。

厠浴：兌及震。

電視：離（丁）。

適合：東四命人。

男：民國5年、14年、23年、32年、41年、50年、59年、68年、77年、86年出生之震卦命人。

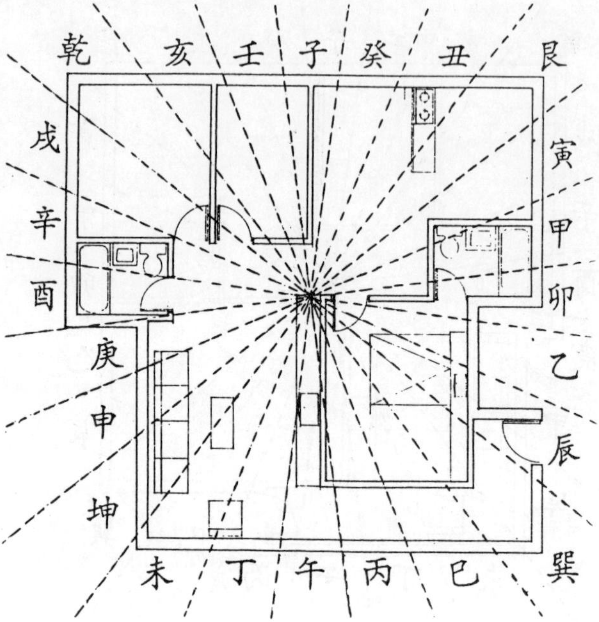

六、房屋—坎山離向（子山午向）

正門：巽位震向（辰位卯向）。

主房：巽、離、震。

床位：巽。

灶：艮位震向（丑位卯向）。

厠浴：兌及震。

電視：巽（辰）、離（午）。

適合：東四命人。

男：民國8年、17年、26年、35年、44年、53年、62年、71年、80年、89年出生之離卦命人。

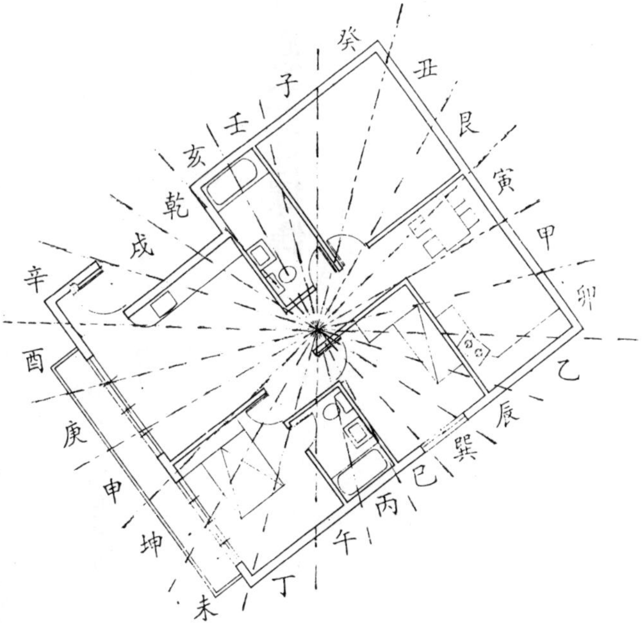

七、房屋——艮山坤向（寅山申向）

正門：兌位艮向（辛位寅向）。

主房：坤。

床位：坤。

灶：震位艮向（乙位艮向）。

厠浴：坎。

電視：兌（辛）。

適合：西四命人。

男：民國9年、18年、27年、36年、45年、54年、63年、72年、81年、90年出生之艮卦命人。

家中適婚女性要尋得如意郎君，嫁出後能過幸福的日子，亦要配合當事人之吉方作各種擺設。

若母親健在而且同住（不在或不同住者無效）者，以母親之床位中心點爲基準，量出本身之延年方安置床位，其效果良好。

參看以下範例。

(八)適婚女性擇偶

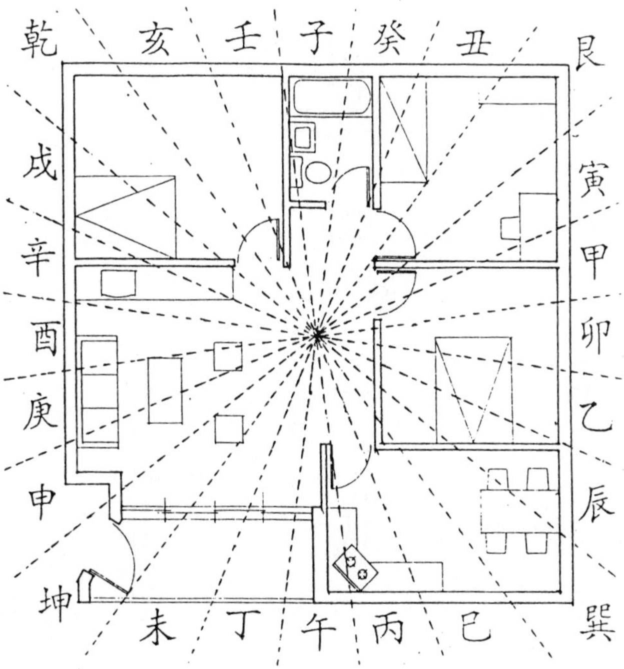

一、房屋——震山兌向（卯山酉向）

正門：坤位乾向（坤位戌向）。

主房：乾。

床位：乾（戌）。

灶：雖位艮向（丙位艮向）。

厠浴：坎。

電視：兌（辛）。

適合：西四命人。

女：民國元年、7年、10年、16年、19年、25年、28年、34年、37年、43年、46年、52年、55年、61年、64年、70年、73年、79年、82年、88年出生之艮卦命人。

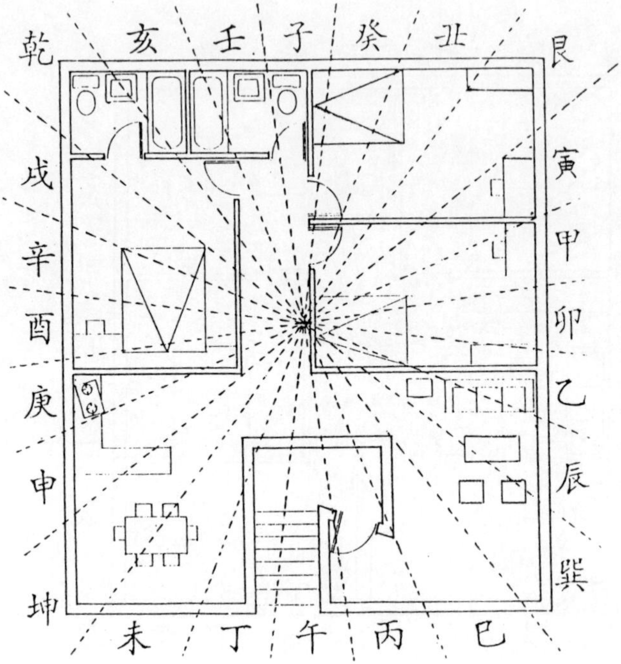

二、房屋——坎山離向（子山午向）

正門：離位離向（丙位丁向）。

主房：坎。

床位：坎（癸）。

灶：兌位震向（庚位甲向）。

厠浴：乾。

電視：巽（辰）。

適合：東四命人。

女：民國2年、11年、20年、29年、38年、47年、56年、65年、74年、83年出生之離卦命人。

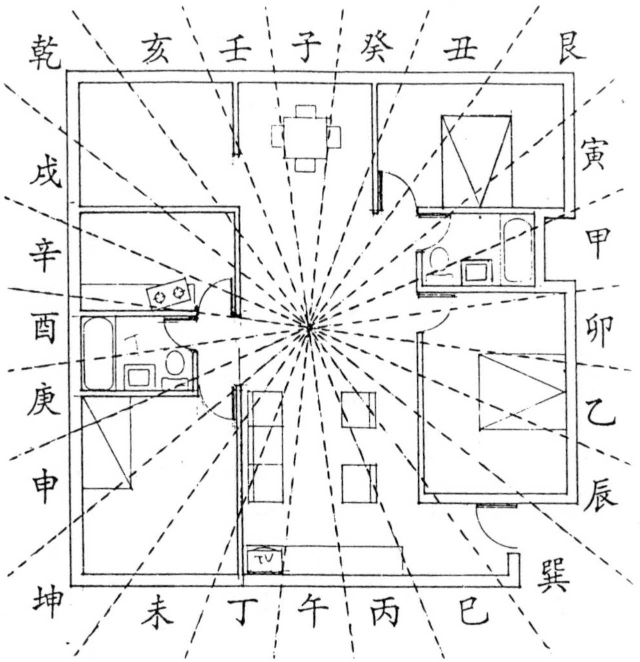

三、房屋——兌山震向（酉山卯向）

正門：巽位震向（巽位卯向）。

主房：巽、震。

床位：震（乙）。

灶：兌位坎向（辛位壬向）。

厠浴：兌及震。

電視：離（丁）。

適合：東四命人。

女：民國3年、12年、21年、30年、39年、48年、57年、66年、75年、84年出生之女性。

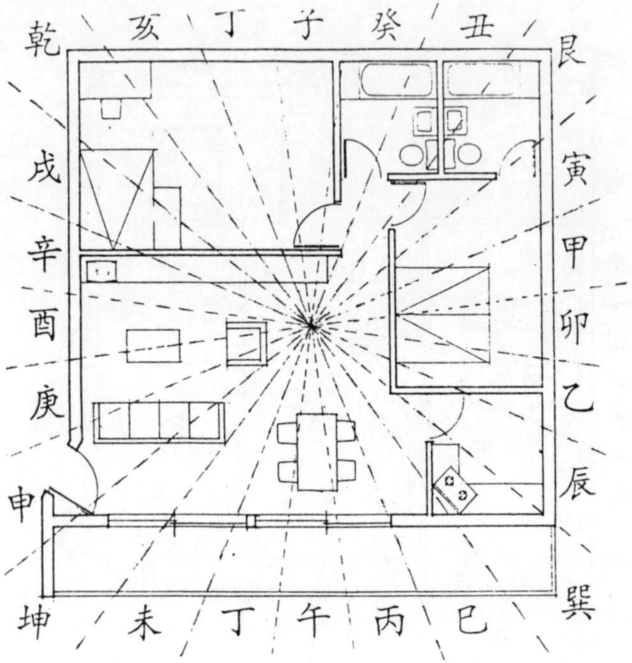

四、房屋——震山兌向（卯山酉向）

正門：坤位乾向（申位戌向）。

主房：乾。

床位：乾（戌）。

灶：巽位艮向。

厠浴：坎。

電視：兌（辛）。

適合：西四命人。

女：民國4年、13年、22年、31年、40年、49年、58年、67年、76年、85年出生之坤卦命人。

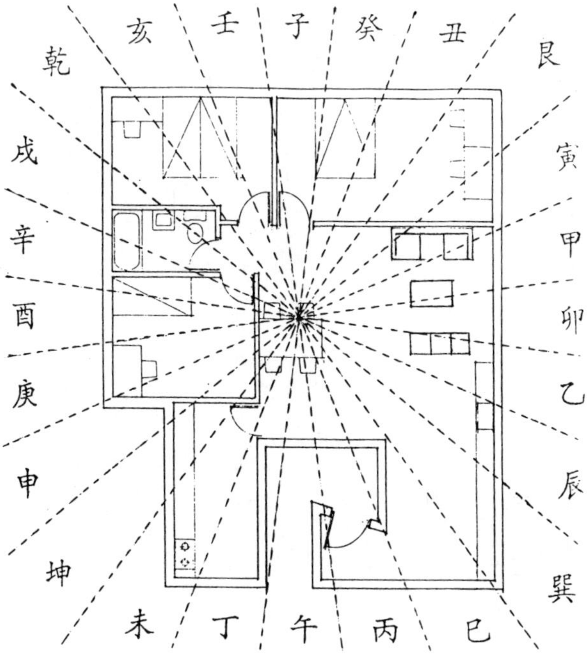

五、房屋——坎山離向（子山午向）

正門：離位離向（丙位丁向）。

主房：坎、艮。

床位：坎（癸）。

灶：坤位震向（未位卯向）。

厠浴：乾。

電視：巽（辰）。

適合：東四命人。

女：民國5年、14年、23年、32年、41年、50年、59年、68年、77年、86年出生之震卦命人。

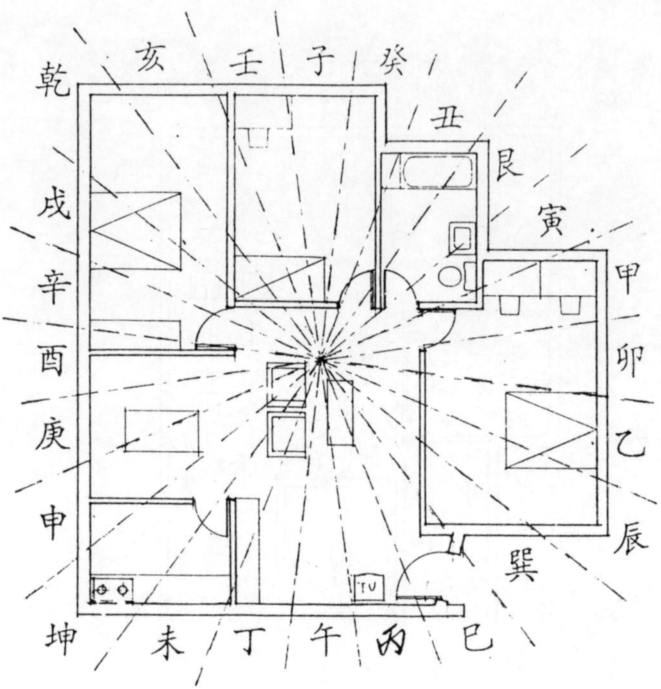

六、房屋——兌山震向（酉山卯向）

正門：巽位震向（巳位乙向）。

主房：震。

床位：震（乙）。

灶：坤位坎向（坤位子向）。

厠浴：艮。

電視：離（丙）。

適合：東四命人。

女：民國6年、15年、24年、33年、42年、51年、60年、69年、78年、87年出生之巽卦命人。

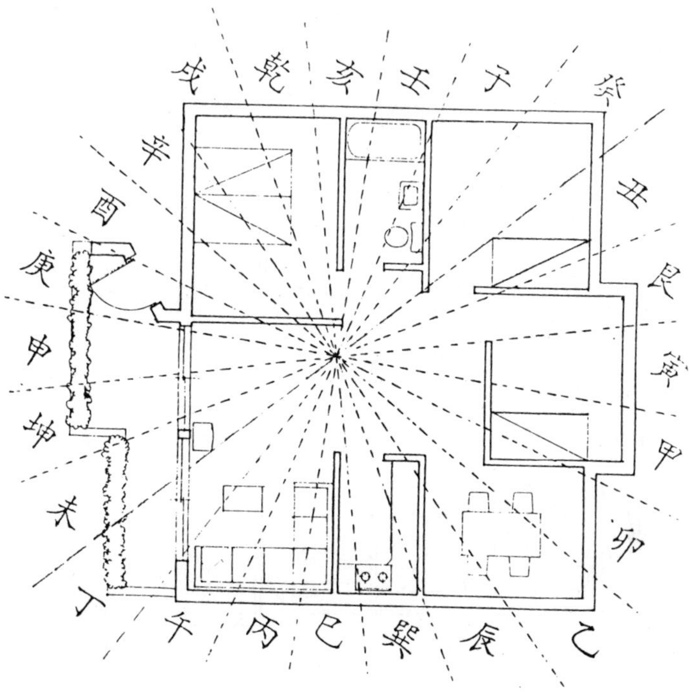

七、房屋——巽山乾向（巳山亥向）

正門：兌位艮向（庚位艮向）。

主房：艮。

床位：艮（丑）。

灶：巽位乾向（巽位亥向）。

厠浴：坎。

電視：坤（未）。

適合：西四命人。

女：民國8年、17年、26年、35年、44年、53年、62年、71年、80年、89年出生之乾卦命人。

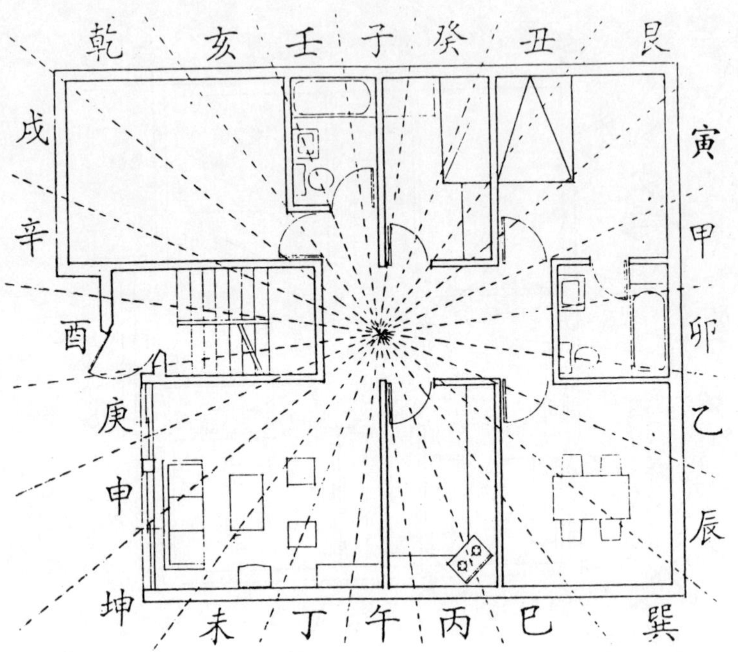

八、房屋——震山兌向（卯山酉向）

正門：兌位艮向（酉位丑向）。

主房：艮。

床位：艮（丑）。

灶：離位乾向（丙位乾向）。

厠浴：震。

電視：坤（未）。

適合：西四命人。

女：民國9年、18年、27年、36年、45年、54年、63年、72年、81年、90年出生之兌卦命人。

家中有已過適婚年齡之女兒，是最令父母關心的事，亦是最煩惱的問題。因此更須配合當事人之需要，從各種擺設儘可能加以調整。參看以下範例。

㈨晚婚女性擇偶

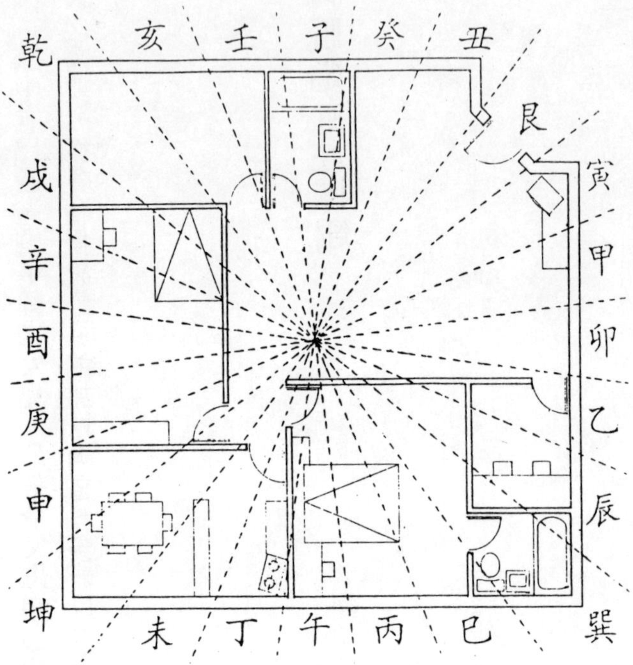

一、房屋——離山坎向（午山子向）

正門：艮位艮向。

主房：乾、兌。

床位：乾（戌）。

灶：離位兌向（丁位辛向）。

厠浴：坎、巽。

電視：艮（寅）。

適合：西四命人。

女：民國元年、7年、10年、16年、19年、25年、28年、34年、37年、43年、46年、52年、55年、61年、64年、70年、73年、79年、82年、88年出生之艮卦命人。

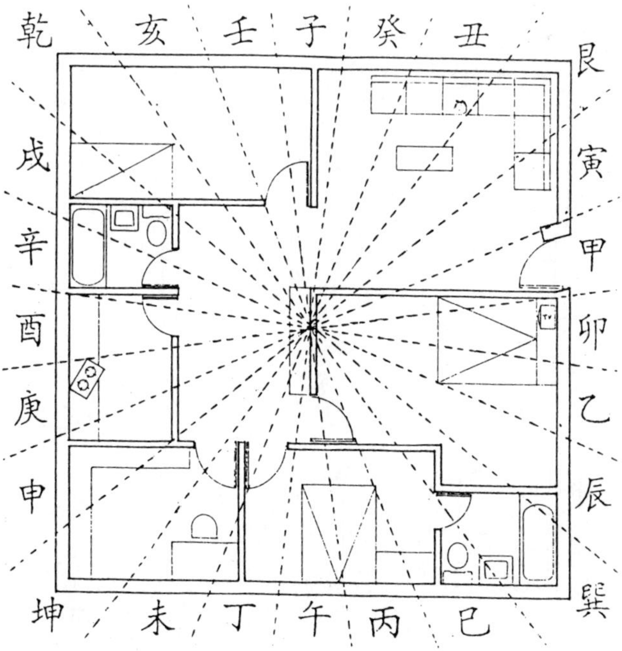

二、房屋——兌山震向（酉山卯向）

正門：震位震向（甲位甲向）。

主房：震、巽。

床位：震（卯）。

灶：兌位巽向（庚位辰向）。

厠浴：兌（巽不用爲佳）。

電視：震（卯）。

適合：東四命人。

女：民國2年、11年、20年、29年、38年、47年、56年、65年、74年、83年出生之離卦命人。

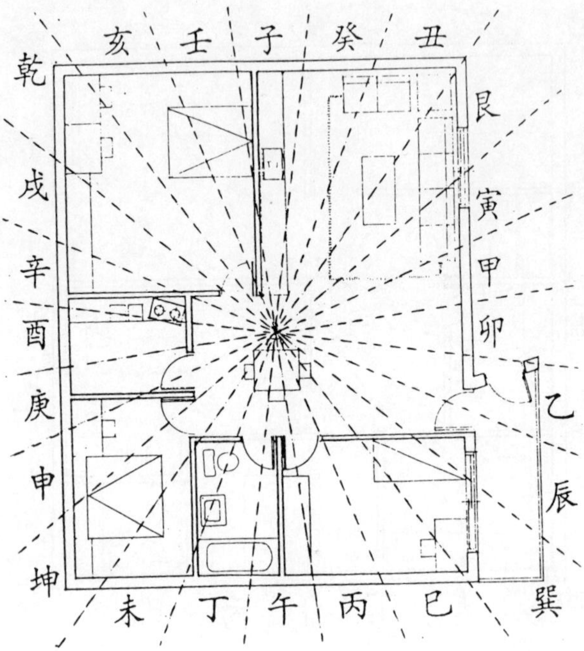

三、房屋——兌山震向（酉山卯向）

正門：震位坎向（乙位壬向）。

主房：乾、坎。

床位：坎（壬）。

灶：兌位離向（辛位丁向）。

廁浴：離（坎卦命人不適）。

電視：坎（子）。

適合：東四命人。

女：民國3年、12年、21年、30年、39年、48年、57年、66年、75年、84年出生之坎卦命人。

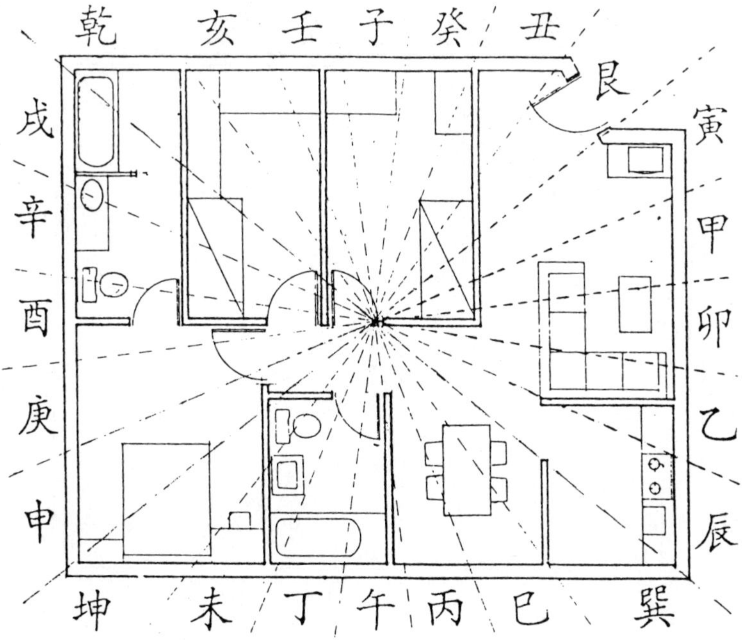

四、房屋——離山坎向（午山子向），或兌山震向（酉山卯向）

正門：艮位艮向。

主房：艮。

床位：艮（寅、艮）。

灶：巽位兌向（辰位酉向）。

厠浴：離。

電視：艮（寅）。

適合：西四命人。

女：民國4年、13年、22年、31年、40年、49年、58年、67年、76年、85年出生之坤卦命人。

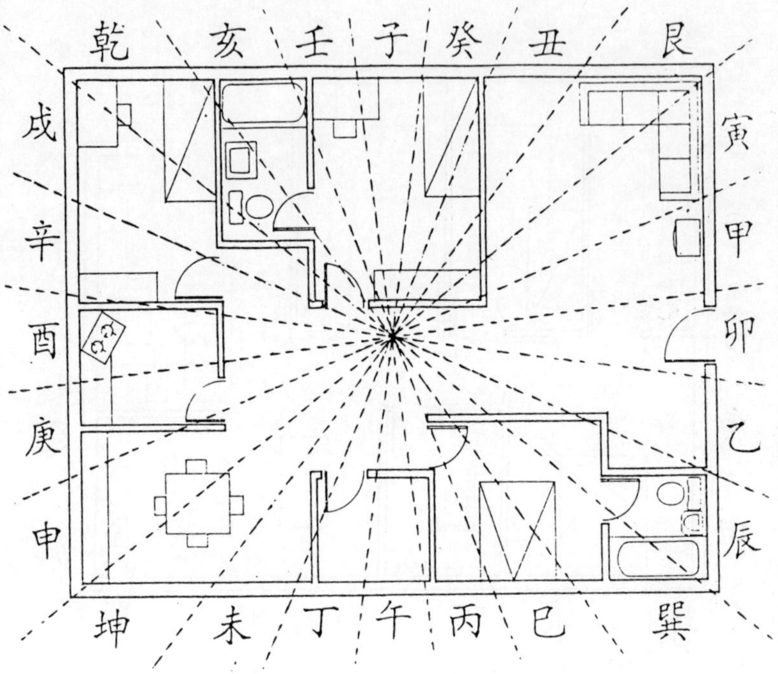

五、房屋——兌山震向（酉山卯向）

正門：震位震向（卯位卯向）。

主房：坎。

床位：坎（癸）。

灶：兌位巽向（酉位辰向）。

廁浴：乾。

電視：震（甲）。

適合：東四命人。

女：民國5年、14年、23年、32年、41年、50年、59年、68年、77年、86年出生之震卦命人。

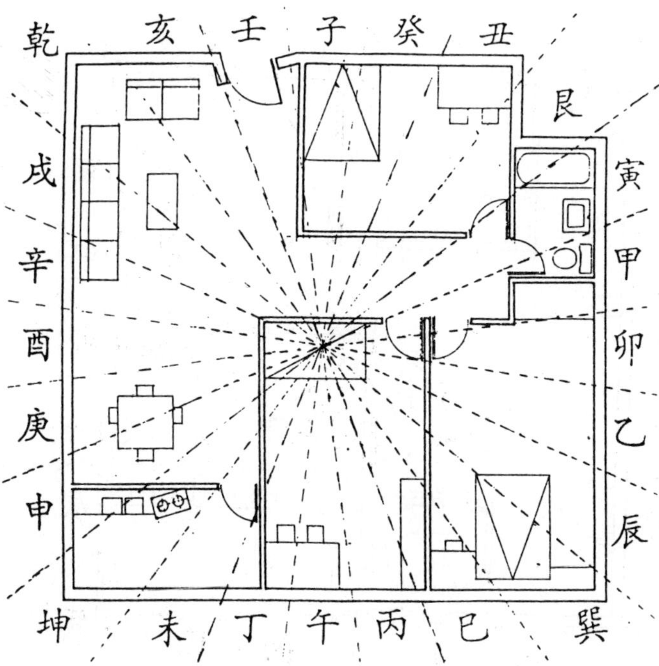

六、房屋——離山坎向（午山子向）

正門：坎位坎向（壬位壬向）。

主房：坎、艮。

床位：坎（子）。

灶：坤位離向（坤位丙向）。

厠浴：艮。

電視：坎（壬）。

適合：東四命人，

女：民國6年、15年、24年、33年、42年、51年、60年、69年、78年、87年出生之巽卦命人。

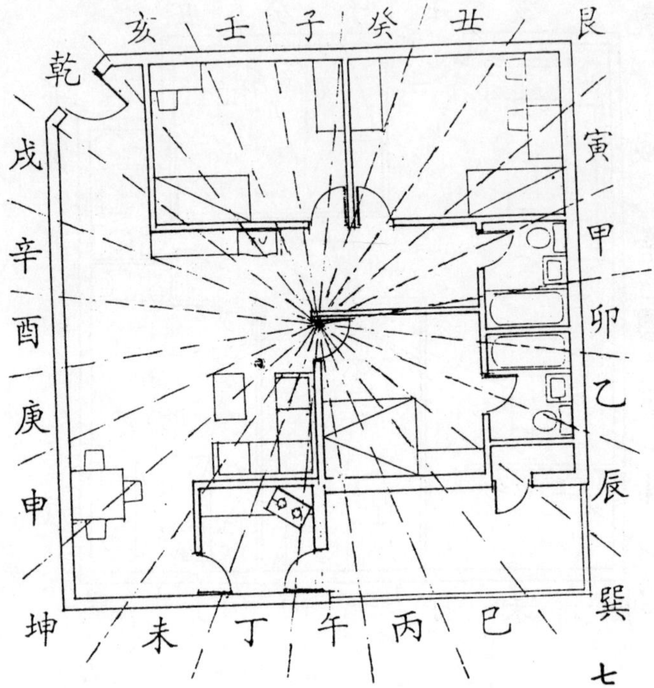

七、房屋——震山兌向（卯山酉向），或離山坎向（午山子向）

正門：乾位乾向。

主房：乾、坎。

床位：乾（乾）。

灶：離位坤向（丁位未向）。

廁浴：震。

電視：乾（亥）。

適合：西四命人。

女：民國8年、17年、26年、35年、44年、53年、62年、71年、80年、89年出生之乾卦命人。

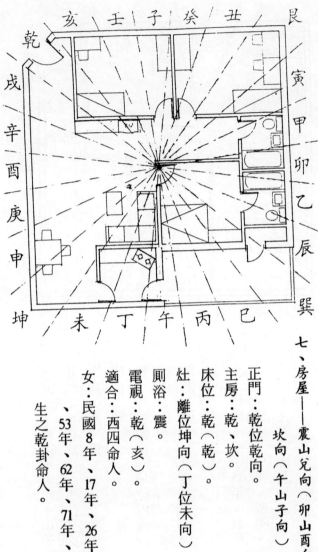

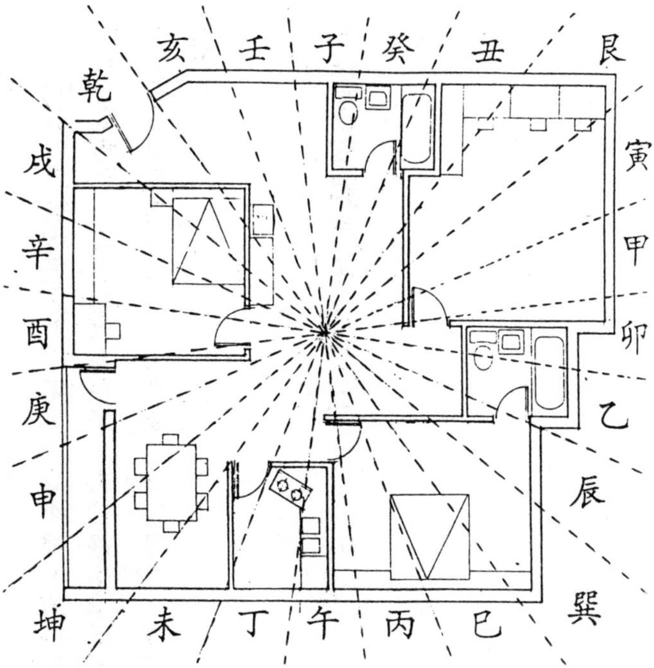

八、房屋——離山坎向（午山子向）

正門：乾位乾向（乾位亥向）。

主房：兌、乾。

床位：乾（乾）。

灶：離位坤向（丁位未向）。

厠浴：坎及震。

電視：乾（亥）。

適合：西四命人。

女：民國9年、18年、27年、36年、45年、54年、63年、72年、81年、90年出生之兌卦命人。

中國人之倫理觀念五千年來一直不變，古時候說養兒防老，現代人亦注重傳宗接代，大家都存有一樣觀念，膝下必須有兒子。否則終生遺憾，甚至鬧出家庭風波。惟目前這種情形頗有改變，許多家庭養有一女、二女卽滿足者亦不少。惟有子勝於無，何不試試以下範例，看是否有奇蹟出現。

(十)求子容易得子之方法

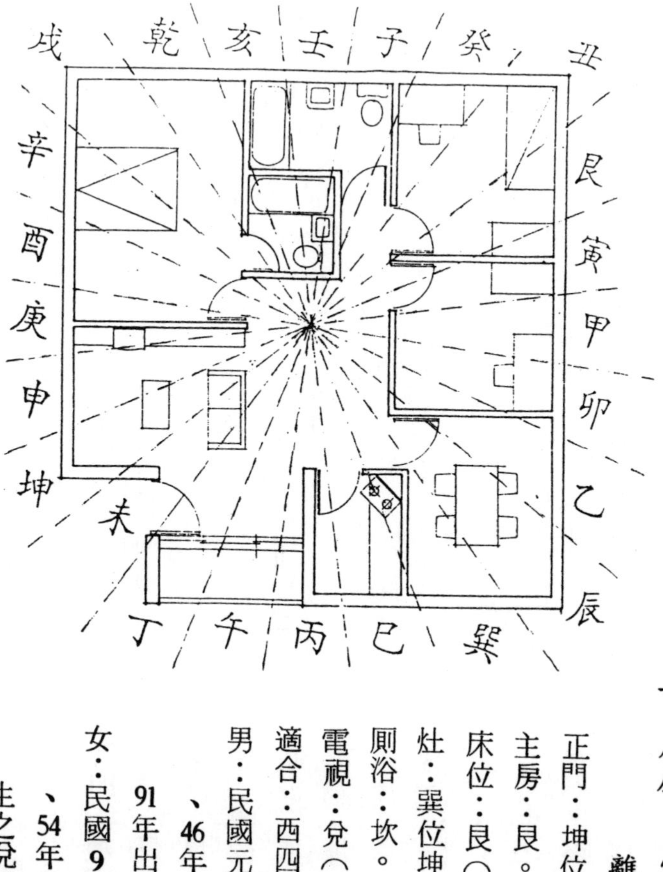

一、房屋——震山兌向（甲山庚向），或坎山離向（壬山丙向）

正門：坤位兌向（未位庚向）。

主房：艮。

床位：艮（丑）。

灶：巽位坤向（巳位未向）。

厠浴：坎。

電視：兌（庚）。

適合：西四命人。

男：民國元年、10年、19年、28年、37年、46年、55年、64年、73年、82年、91年出生之兌卦命人。

女：民國9年、18年、27年、36年、45年、54年、63年、72年、81年、90年出生之兌卦命人。

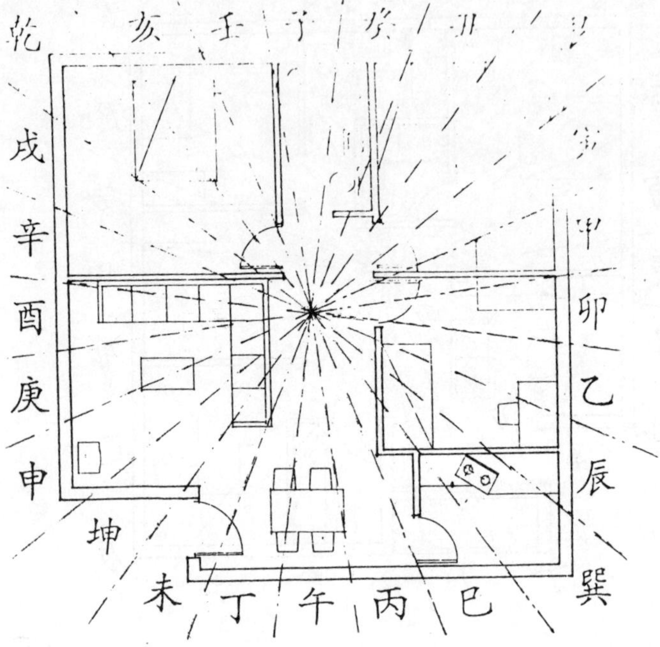

二、房屋——坎山離向（子山午向），或震山兌向（卯山酉向）

正門：坤位兌向（未位酉向）。

主房：艮。

床位：艮（丑）。

灶：巽位坤向（巽位未向）。

厠浴：坎。

電視：坤（申）。

適合：西四命人。

男：民國2年、11年、20年、29年、38年、47年、56年、65年、74年、83年出生之乾卦命人。

女：民國8年、17年、26年、35年、44年、53年、62年、71年、80年、89年出生之乾卦命人。

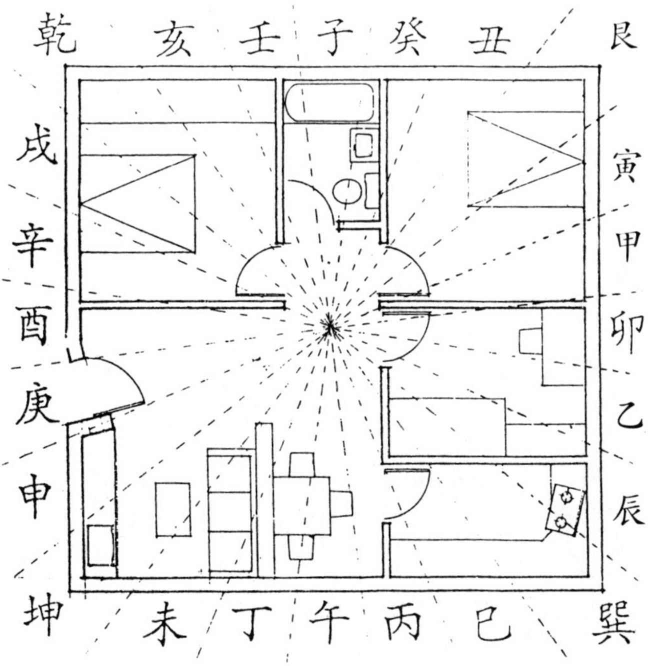

三、房屋——震山兌向（卯山酉向）

正門：兌位兌向（庚位庚向）。

主房：乾。

床位：乾（戌）。

灶：巽位兌向（巽位辛向）。

厠浴：坎。

電視：坤（坤）。

適合：西四命人。

男：民國3年、6年、12年、15年、21年、24年、30年、33年、39年、42年、48年、51年、57年、60年、66年、69年、75年、78年、84年、87年出生之坤卦命人。

女：民國4年、13年、22年、31年、40年、49年、58年、67年、76年、85年出生之坤卦命人。

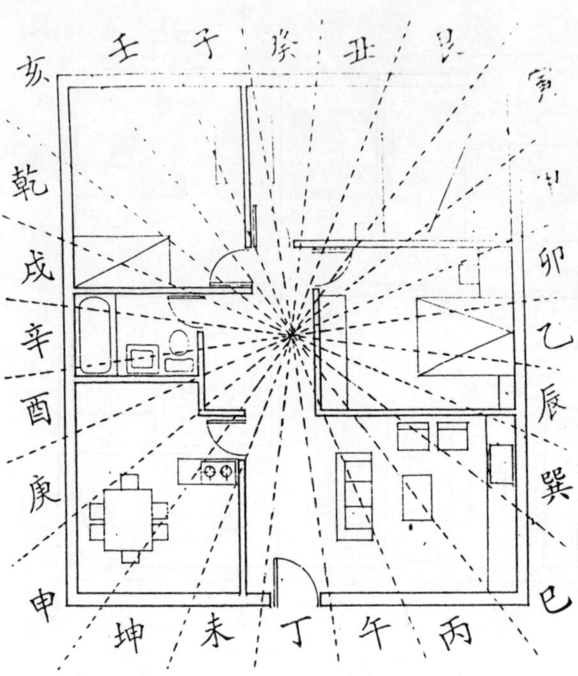

四、房屋——坎山離向（癸山丁向）

正門：離位離向（丁位丁向）。

主房：震。

床位：震（乙）。

灶：坤位離向（坤位丁向）。

厠浴：兌。

電視：巽（巽）。

適合：東四命人。

男：民國4年、13年、22年、31年、40年、49年、58年、67年、76年、85年出生之巽卦命人。

女：民國6年、15年、24年、33年、42年、51年、60年、69年、78年、87年出生之巽卦命人。

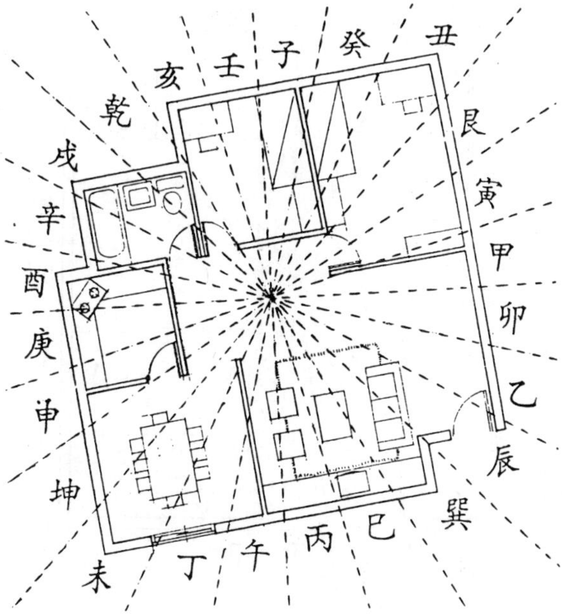

五、房屋——坎山離向（壬山丙向），或兌山震向（庚山甲向）

正門：巽位離向（辰位丙向）。

主房：坎、艮。

床位：坎（子）。

灶：兌位巽向（酉位辰向）。

厠浴：兌。

電視：巽（巳）。

適合：東四命人。

男：民國5年、14年、23年、32年、41年、50年、59年、68年、77年、86年出生之震卦命人。

女：出生年同男性震卦命人。

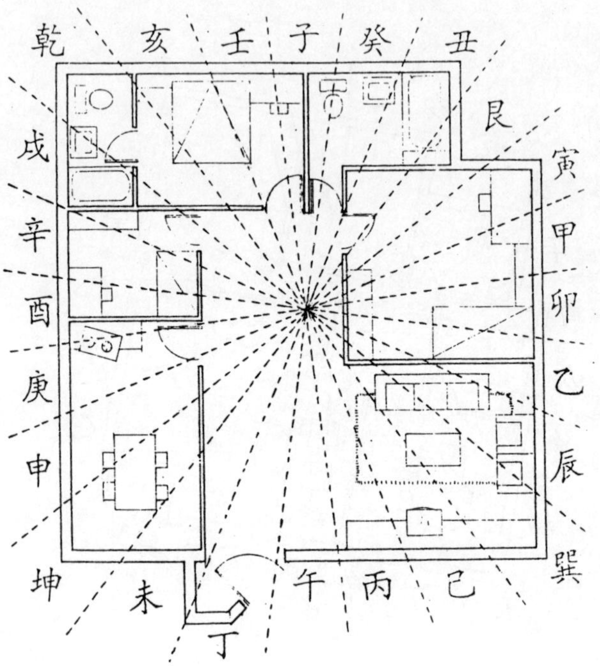

六、房屋——坎山離向（子山午向）

正門：離位巽向（丁位巽向）。

主房：震。

床位：震（乙、卯）。

灶：兌位離向（酉位丁向）。

厠浴：艮。

電視：巽（巳）。

適合：東四命人。

男：民國7年、16年、25年、34年、43年、52年、61年、70年、79年、88年出生之坎卦命人。

女：民國3年、12年、21年、30年、39年、48年、57年、66年、75年、84年出生之坎卦命人。

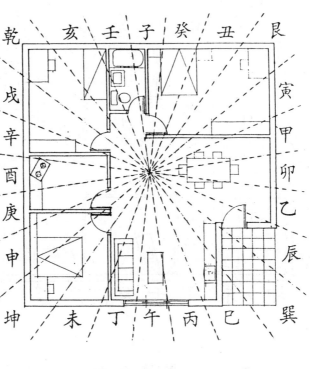

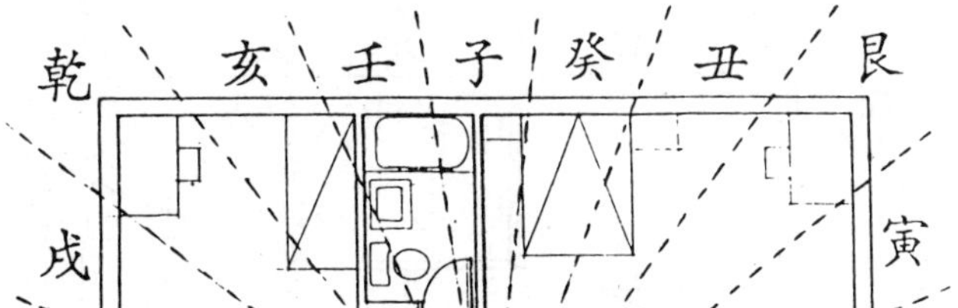

七、房屋——坎山離向（子山午向），或兌山震向（酉山卯向）

正門：巽位離向（辰位午向）。

主房：坎、艮。

床位：坎。

灶：兌位巽向（酉位辰向）。

厠浴：坎。

電視：巽（巳）。

適合：東四命人。

男：民國8年、17年、26年、35年、44年、53年、62年、71年、80年、89年出生之離卦命人。

女：民國2年、11年、20年、29年、38年、47年、56年、65年、74年、83年、92年出生之離卦命人。

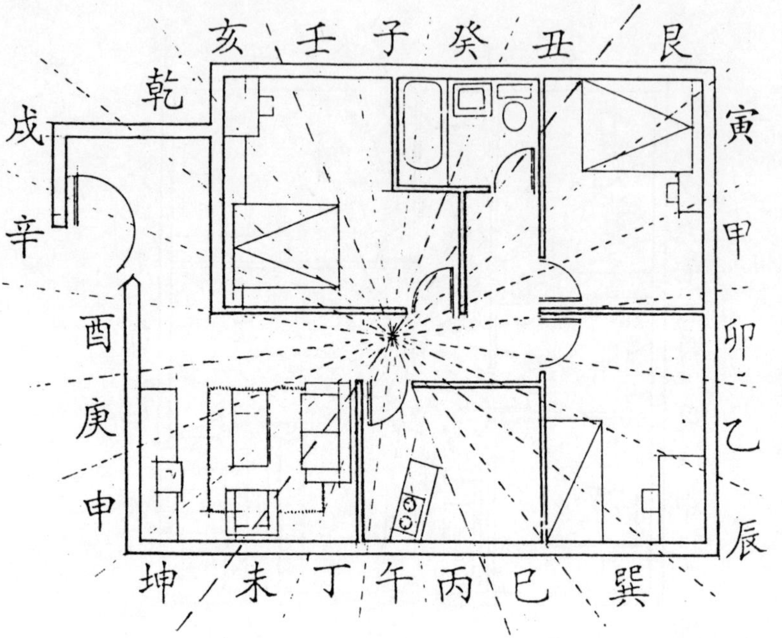

八、房屋——震山兌向（卯山酉向）

正門：兌位坤向（辛位坤向）。

主房：乾、坎。

床位：乾（戌、乾）。

灶：離位兌向（午位辛向）。

厠浴：坎。

電視：坤（申）。

適合：西四命人。

男：民國9年、18年、27年、36年、45年、54年、63年、72年、81年、90年出生之艮卦命人。

女：民國元年、7年、10年、16年、19年、25年、28年、34年、37年、43年、46年、52年、55年、61年、64年、70年、73年、79年、82年、88年出生之艮卦命人。

家裏有子心已足，可是仍有很多人仍然希望有個女兒，增加家庭樂趣，何況時下女兒還比兒子孝順，何樂而不爲。爲求生女，參看以下範例，時到必有回應。

㈩求女容易得女之方法

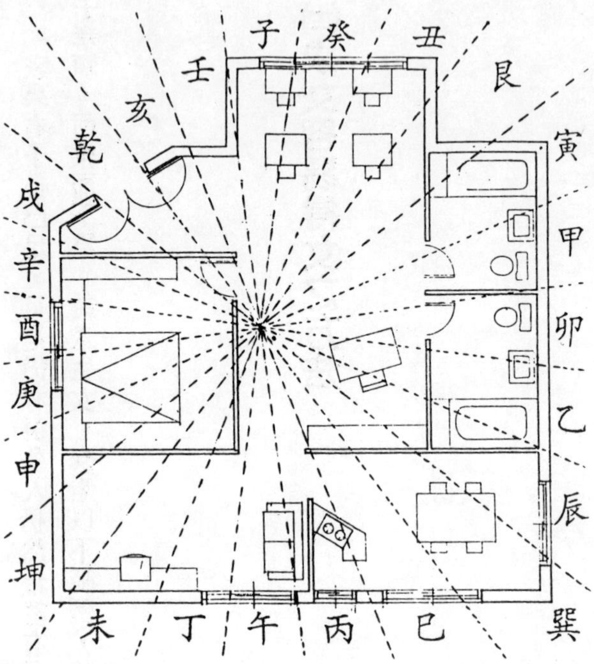

一、房屋——離山坎向（午山子向）

正門：乾位乾向（乾位亥向）。

主房：兌。

床位：兌（庚）。

灶：離位坤向（丙位未向）。

厠浴：震。

電視：坤（未）。

適合：西四命人。

男：民國元年、10年、19年、28年、37年、46年、55年、64年、73年、82年、91年出生之兌卦命人。

女：民國9年、18年、27年、36年、45年、54年、63年、72年、81年、90年出生之兌卦命人。

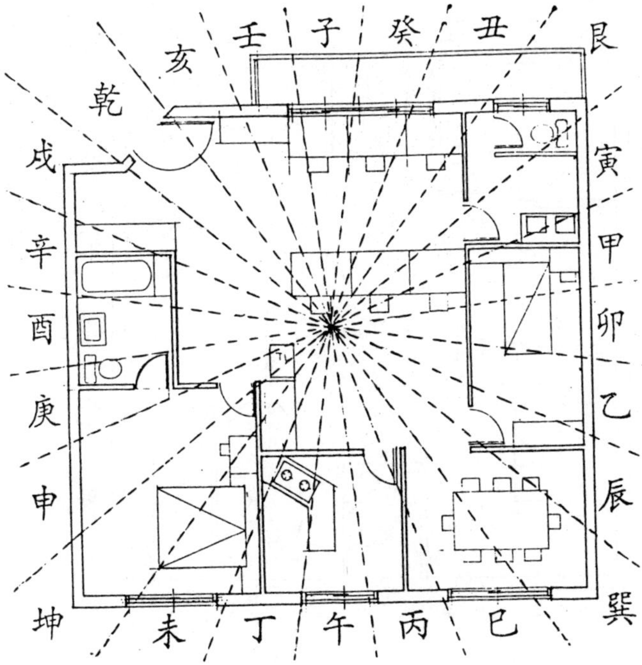

二、房屋——震山兌向（卯山酉向），或離山坎向（午山子向）

正門：乾位乾向。

主房：坤。

床位：坤（未）。

灶：離位坤向（丁位未向）。

厠浴：兌、艮（不適合乾卦命人）。

電視：坤（申）。

適合：西四命人。

男：民國2年、11年、20年、29年、38年、47年、56年、65年、74年、83年出生之乾卦命人。

女：民國8年、17年、26年、35年、44年、53年、62年、71年、80年、89年出生之乾卦命人。

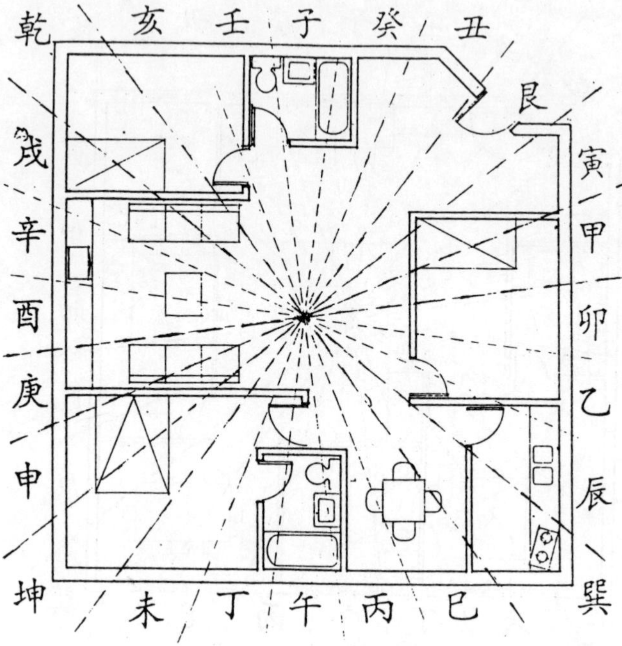

三、房屋——兌山震向（酉山卯向），或離山坎向（午山子向）

正門：艮位艮向。

主房：坤。

床位：坤（申）。

灶：巽位兌向（巽位辛向）。

厠浴：坎、離。

電視：兌（辛）。

適合：西四命人。

男：民國3年、6年、12年、15年、21年、24年、30年、33年、39年、42年、48年、51年、57年、60年、66年、69年、75年、78年、84年、87年出生之坤卦命人。

女：民國4年、13年、22年、31年、40年、49年、58年、67年、76年、85年出生之坤卦命人。

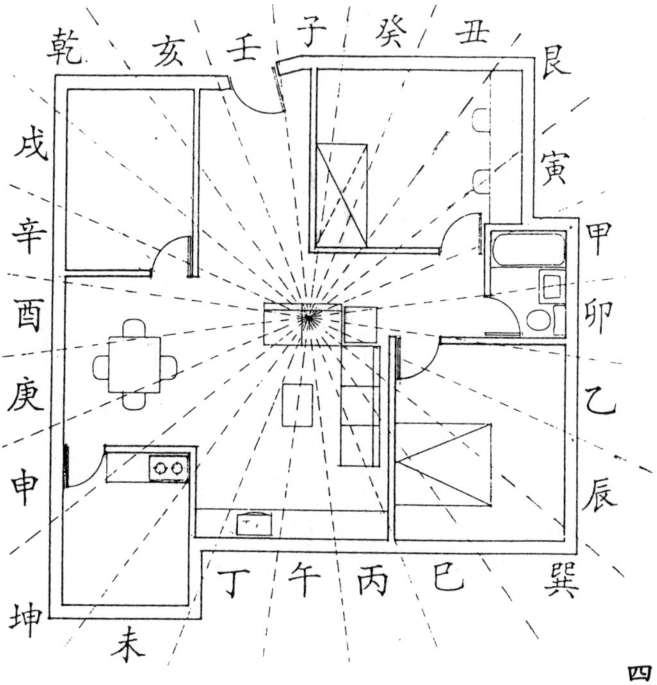

四、房屋——離山坎向（午山子向）

正門：坎位坎向（壬位壬向）。

主房：巽。

床位：巽（巽、巳）。

灶：坤位離向（坤位午向）。

厠浴：震（不適於東四命人）。

電視：離（丁）。

適合：東四命人。

男：民國4年、13年、22年、31年、40年、49年、58年、67年、76年、85年出生之巽卦命人。

女：民國6年、15年、24年、33年、42年、51年、60年、69年、78年、87年出生之巽卦命人。

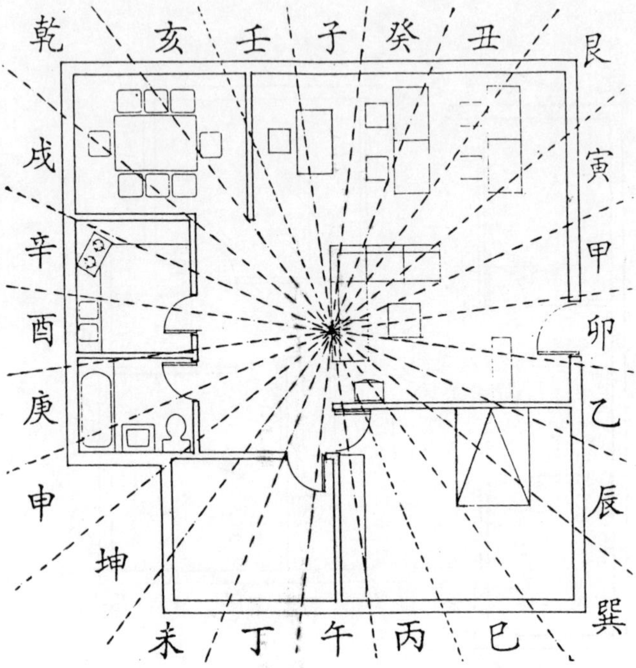

五、房屋——兌山震向（酉山卯向）

正門：震位震向（卯位卯向）。

主房：巽。

床位：巽（辰、巽）。

灶：兌位巽向（辛位辰向）。

厠浴：兌。

電視：巽（巳）。

適合：東四命人。

男與女同：民國5年、14年、23年、32年、41年、50年、59年、68年、77年、86年出生之震卦命人。

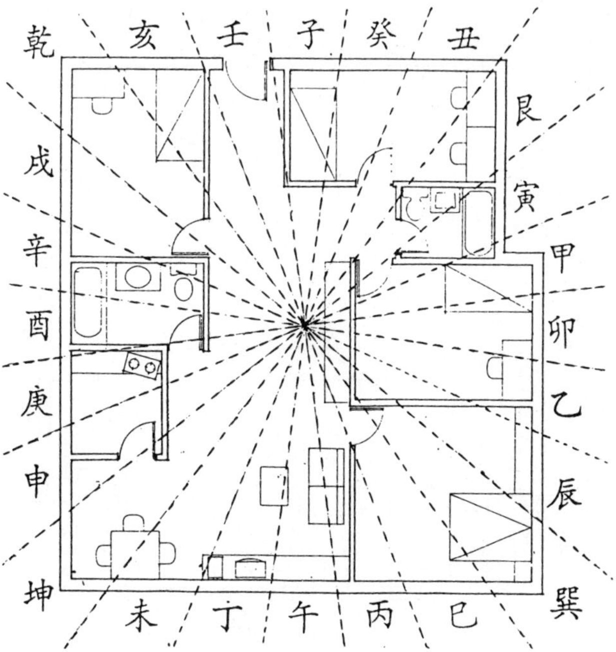

六、房屋——離山坎向（午山子向）

正門：坎位坎向（壬位子向）。

主房：巽。

床位：巽（巽）。

灶：兌位離向（庚位丁向）。

厠浴：兌、艮。

電視：離（丁）。

適合：東四命人。

男：民國7年、16年、25年、34年、43年、52年、61年、70年、79年、88年出生之坎卦命人。

女：民國3年、12年、21年、30年、39年、48年、57年、66年、75年、84年出生之坎卦命人。

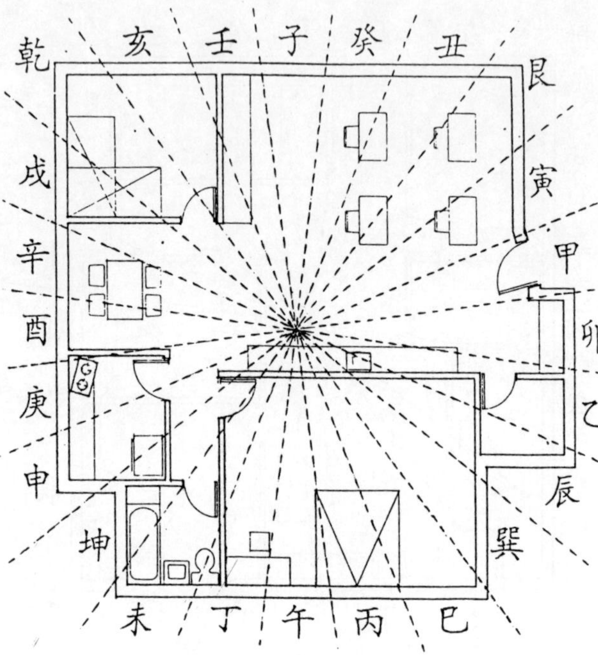

七、房屋——兌山震向（酉山卯向）

正門：震位震向（甲位甲向）。

主房：離、巽。

床位：離（丙）。

灶：兌位巽向（庚位辰向）。

厕浴：坤。

電視：巽（辰）。

適合：東四命人，

男：民國8年、17年、26年、35年、44年、53年、62年、71年、80年、89年出生之離卦命人。

女：民國2年、11年、20年、29年、38年、47年、56年、65年、74年、83年出生之離卦命人。

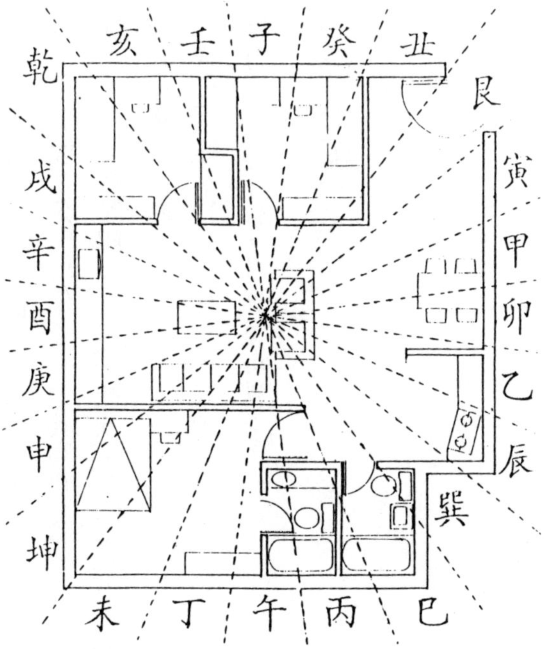

八、房屋——離山坎向（午山子向），或兌山震向（酉山卯向）

正門：艮位艮向。
主房：坤。
床位：坤（申、坤）。
灶：巽位兌向（辰位辛向）。
厠浴：巽、離。
電視：兌（辛）。
適合：西四命人。
男：民國9年、18年、27年、36年、45年、54年、63年、72年、81年、90年出生之艮卦命人。
女：民國元年、7年、10年、16年、19年、25年、28年、34年、37年、43年、46年、52年、55年、61年、64年、70年、73年、79年、82年、88年出生之艮卦命人。

人生平安卽是福，健康才是最大的財富。一個人雖擁有陶朱之富，而全身是病，那錢財又有何用？古諺說：久病無孝子。尤其現代人爲生活奔波，就是存有孝心亦難兼顧，病痛是無人可代替的，因此保持健康乃爲第一要務。萬一有病不妨依以下範例改變一下屋宅之宅相，趨吉化凶，或能幫你藥到病除。

若母親健在而且同住（不在或不同住者無效）者，以母親之床位中心點爲基準，量出本身之天醫方，作爲床位，其效果亦顯著。

㈢久病求癒之方法

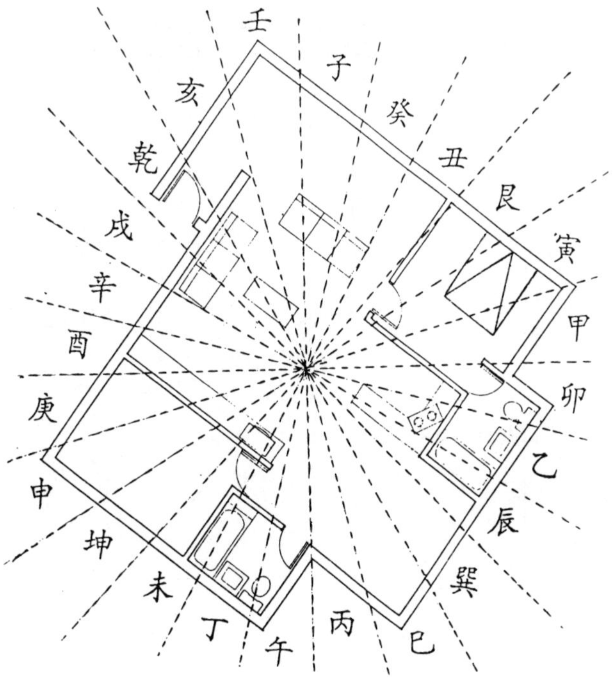

一、房屋——巽山乾向（辰山戌向）

正門：乾位坤向（乾位未向）。

主房：艮。

床位：艮（寅）。

灶：震位乾向（乙位亥向）。

厠浴：離、巽。

電視：坤（未）。

適合：西四命人。

男：民國元年、10年、19月、28年、37年、46年、55年、64年、73年、82年出生之兌卦人。

女：民國9年、18年、27年、36年、45年、54年、63年、72年、81年、90年出生之兌卦人。

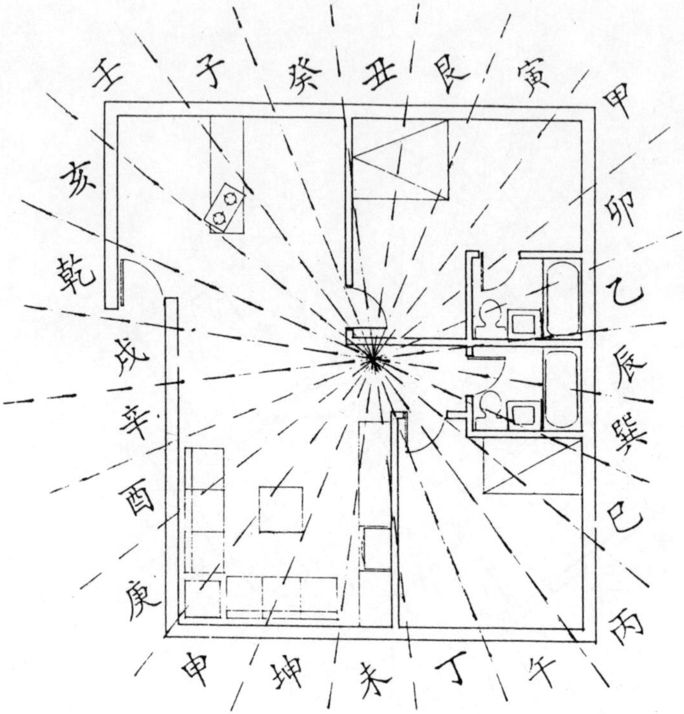

二、房屋——巽山乾向（辰山戌向）

正門：乾位坤向（乾位未向）。

主房：艮、震。

床位：艮（丑、艮）。

灶：坎位乾向（壬位亥向）。

廁浴：震、巽。

電視：坤（未）。

適合：西四命人。

男：民國2年、11年、20年、29年、38年、47年、56年、65年、74年、83年出生之乾卦命人。

女：民國8年、17年、26年、35年、44年、53年、62年、71年、80年、89年出生之乾卦命人。

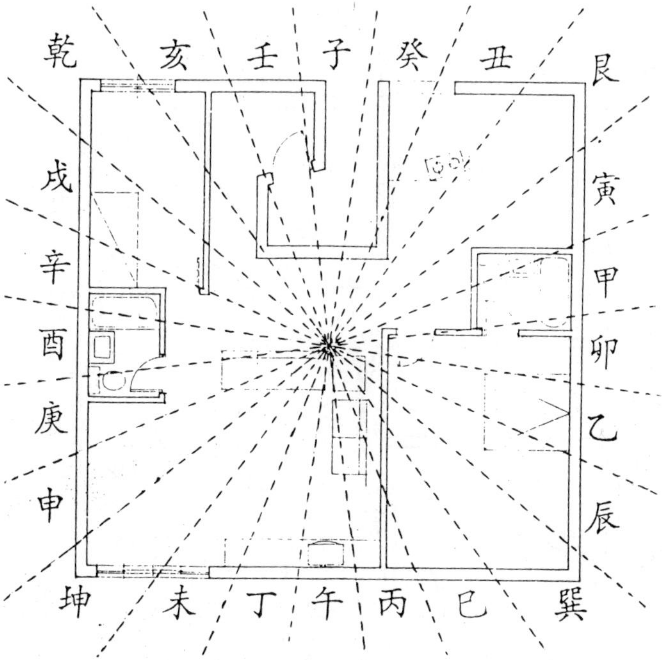

三、房屋——離山坎向（午山子向）

正門：坎位離向（壬位丙向）。

主房：震、巽。

床位：震（乙）。

灶：艮位坎向（丑位壬向）。

厠浴：兌、震（不宜東四命人）。

電視：離（午）。

適合：東四命人。

男：民國4年、13年、22年、31年、40年、49年、58年、67年、76年、85年出生之巽卦命人。

女：民國6年、15年、24年、33年、42年、51年、60年、69年、78年、87年出生之巽卦命人。

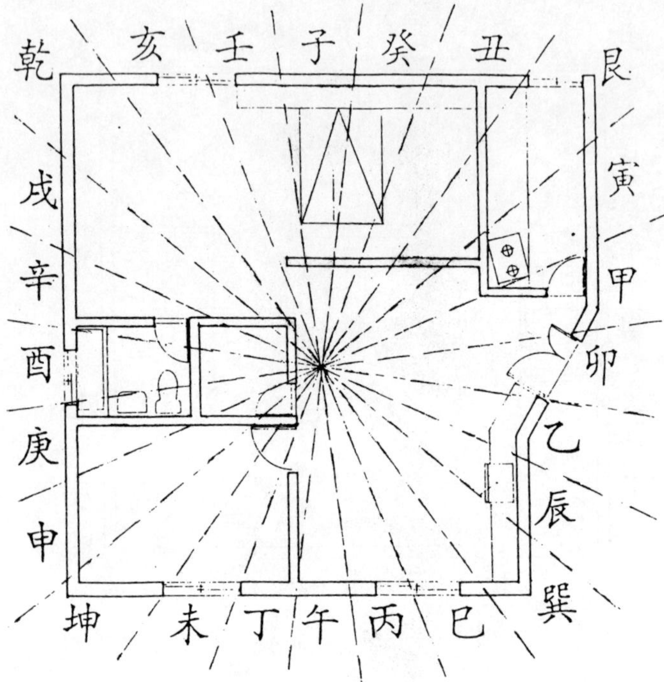

四、房屋——兌山震向（酉山卯向）

正門：震位巽向（卯位辰向）。

主房：坎。

床位：坎（子）。

灶：艮位震向（寅位甲向）。

厠浴：兌。

電視：巽（辰）。

適合：東四命人。

男與女同：民國5年、14年、23年、32年、41年、50年、59年、68年、77年、86年出生之震卦命人。

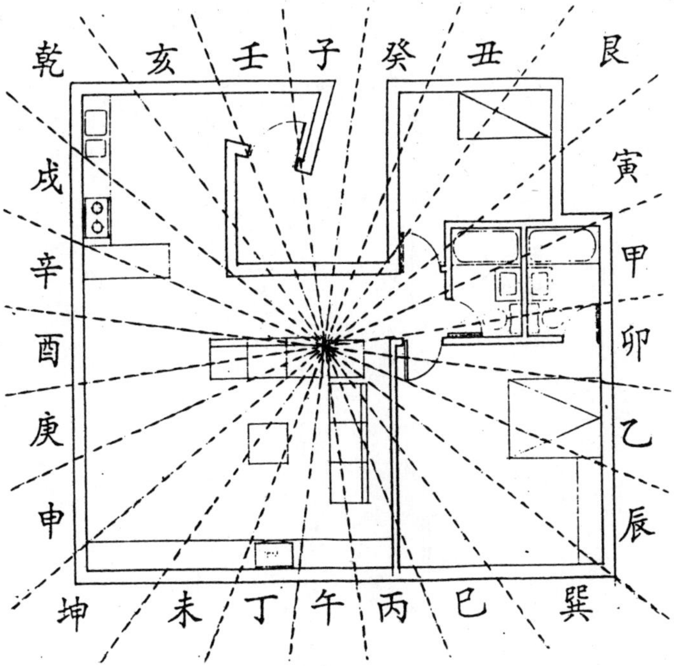

五、房屋——離山坎向（午山子向）

正門：坎位離向（壬位丁向）。

主房：巽、震。

床位：震（乙）。

灶：乾位震向（戌位卯向）。

厠浴：艮。

電視：離（丁）。

適合：東四命人。

男：民國7年、16年、25年、34年、43年、52年、61年、70年、79年、88年出生之坎卦命人。

女：民國3年、12年、21年、30年、39年、48年、57年、66年、75年、84年出生之坎卦命人。

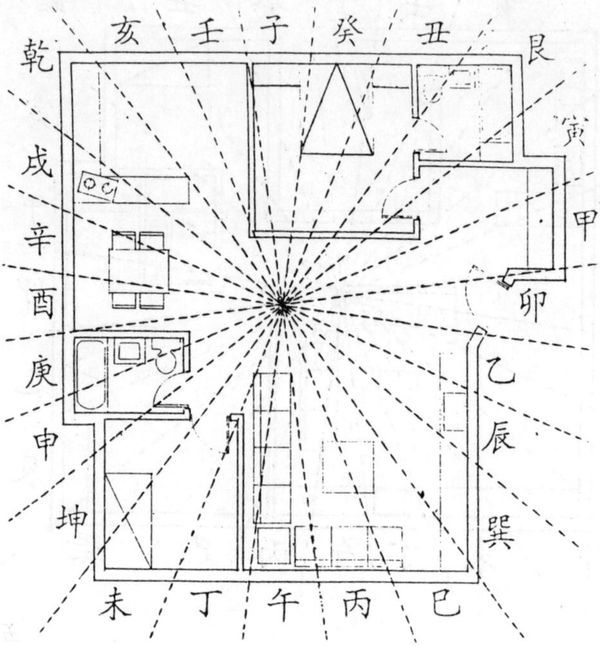

六、房屋——兌山震向（酉山卯向）

正門：震位巽向（卯位辰向）。

主房：坎。

床位：坎（癸）。

灶：乾位坎向（戌位癸向）。

厠浴：兌、艮。

電視：巽（辰）。

適合：東四命人。

男：民國8年、17年、26年、35年、44年、53年、62年、71年、80年、89年出生之離卦命人。

女：民國2年、11年、20年、29年、38年、47年、56年、65年、74年、83年出生之離卦命人。

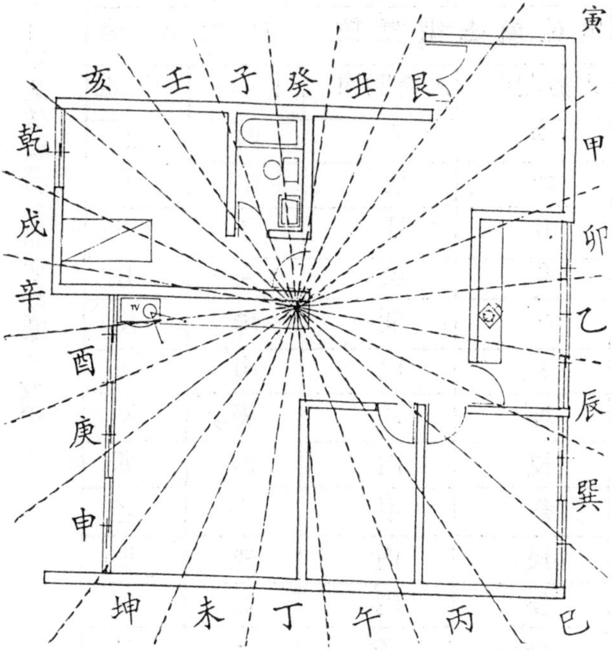

七、房屋——離山坎向（丁山癸向），或兌山震向（辛山乙向）

正門：艮位兌向（艮位辛向）。

主房：乾。

床位：乾（戌）。

灶：震位艮向（乙位寅向）。

厠浴：坎。

電視：兌（辛）。

適合：西四命人。

男：民國3年、6年、9年、12年、15年、18年、21年、24年、27年、30年、33年、36年、39年、42年、45年、48年、51年、54年、57年、60年、63年、66年、69年、72年、75年、78年、81年、84年、87年、90年出生之坤卦及艮卦命人。

女：民國元年、4年、7年、10年、13年、16年、19年、22年、25年、28年、31年、34年、37年、40年、43年、46年、49年、52年、55年、58年、61年、64年、67年、70年、73年、76年、79年、82年、85年、88年出生之坤卦及艮卦命人。

久病求癒除前述各種範例爲基本療法外，再依下表所列方位放置電磁爐燒開水泡茶喝或吃藥，可使藥效顯著，加速治療之效果。

房屋坐向		放置電磁爐位置	
坐山	屋向	東四命人	西四命人
壬	丙	乙	坤
子	午	巳	酉
癸	丁	丁	丑
丑	未	癸	申
艮	坤	巽	辛
寅	申	巳	丑
甲	庚	乙	坤
卯	酉	丙	艮
乙	辛	甲	乾
辰	戌	丙	艮
巽	乾	丙	艮
巳	亥	子	申
丙	壬	巽	辛
午	子	巳	酉
丁	癸	癸	申
未	丑	丙	艮
坤	艮	甲	乾
申	寅	丙	艮
庚	甲	丙	庚
酉	卯	子	申
辛	乙	丙	艮
戌	辰	丁	酉
乾	巽	乙	坤
亥	巳	丙	艮

(十二)改善夫妻感情之方法

為增進夫妻之感情，或欲挽回破裂之婚姻，可依下表所列方位設置廁所，即可改善夫妻感情。

房屋坐向		廁所之位置	
坐山	屋向	東四命人	西四命人
壬	丙	艮	丙
子	午	未	卯
癸	丁	亥	卯
丑	未	乾	甲
艮	坤	乾	甲
寅	申	艮	丙
甲	庚	艮	丙
卯	酉	辛	巽
乙	辛	坤	乙
辰	戌	辛	巽
巽	乾	申	癸
巳	亥	艮	丙
丙	壬	乾	甲
午	子	辛	巽
丁	癸	庚	卯
未	丑	辛	巽
坤	艮	坤	乙
申	寅	乾	甲
庚	甲	辛	巽
酉	卯	亥	卯
辛	乙	戌	壬
戌	辰	申	子
乾	巽	艮	丙
亥	巳	辛	巽

國立中央圖書館出版品預行編目資料

吉宅新案／葉錦鑑著. ---一版.
--臺北市：武陵，1995〔民84〕
印刷　面；　公分
ISBN 957-35-0728-5（平裝）

1.相宅

294.1　　　　84011669

吉宅新案

著　　者　葉錦鑑
發 行 人　林輝慶
出 版 者　武陵出版有限公司
社　　址　台北市新生南路三段十九巷十九號
電　　話　3638329.3630730
傳眞號碼　3621183
郵撥帳號　0105063-5
法律顧問　王昧爽律師
印 刷 者　名發美術印刷有限公司
裝 訂 者　忠信裝訂廠
登 記 證　局版臺業字第1128號
一版二刷　1995年12月

定　價：250　元
ISBN 957-35-0728-5